検証
「共通1次・センター試験」

中井　仁
伊藤　卓
編著

大学教育出版

序

　日本の若者たちの全体的な学力低下が心配されています。
　教育に直接携わっている人たちから、若者たちの学力についての懸念が、数え切れないほど報告されています。しかしその一方、国際的なテストの結果を見て、日本は心配されるほど低い水準にはないと、公的な報告に記されたりもします。このように、学生や生徒・児童の学力の変化を捉えることは、技術的に極めて難しいことのようです。それにも関わらず、戦後60年の歴史を通じて、学力問題がこれほど幅広い層に注目された時期は無かったと言えます。
　その60年間の後半の30年間は、中等教育から高等教育への節目において共通1次・センター試験制度が大きな社会的役割を担ってきました。共通1次試験の計画が発表されると、マークシートを用いた試験で受験生の学力を正確に測ることが可能なのかという議論が国会などで行われました。しかし、様々な懸念を残したまま、1979年度の入試から国立大学の第1次入学試験として、共通1次試験が始まりました。その後、1989年からは私立大学も利用することができるセンター試験となって、共通1次試験時代から通算すると2008年度入試で30回を数えました。
　一つの社会制度が30年間続いてきたこと自体、その制度が社会に十分根を下ろしていることの証です。すでに、教育の現場を中堅として支えている教員の多くが、共通1次試験をくぐり抜けてきた人たちです。また高校生の保護者の中にも、同じ経験をした人が増加しつつあります。余りにも制度が当然となった結果、共通1次試験制度が導入される前に行われた議論を思い出す人は、もはやほとんどいないと思われます。
　このような状況の下で、2005年7月に「共通1次・センターテストの四半

世紀を考える」と題するシンポジウムが、日本学術会議の理学振興研究連絡委員会（委員長：江澤洋氏）によって開かれました。同委員会は、もともと「理科離れ」現象に対して有効な提言をすることを目的に設立されたものです（2005年10月、提言を公表して解散）。しかし、委員会の審議過程でセンター試験の教育への影響が言及され、その問題が理科教育に留まらない深さと広がりを持つことがたちまち理解されました。そこで、委員会内だけではなく、外部講師をも招いたシンポジウムを開き、センター試験をめぐる議論をすることになったわけです。一回のシンポジウムでは議論し尽くすことはできませんが、少なくとも以下のような問題の存在が明らかにされました。

○ 「センター試験」を考え直す時期

　マスコミは、国際テストの学力低下に関して注目しているが、マークセンス方式のセンター試験が教育におよぼす影響については殆ど取り上げない。そのためセンター試験に関わる諸々の問題は社会で認知されていないのが現状である。共通1次試験発足から25年以上経って、大学入試をめぐる社会状況は大きく変わっている。少子化による全入時代を迎えて、センター試験の役割・方法をもう一度考え直す時期にきている。

○　受験生の実態とのずれ

　センター試験のマークシート方法は、受験生の本当の能力を評価することができるのだろうか。60万人規模の多様化している受験生を、共通問題で評価することは限界にきており、現状のセンター試験は、受験生の実態と大きくずれ破綻している状態にある。

○　マークシート形式の教育への影響

　センター試験の実施により、試験問題から難問などがなくなり、標準的な良い問題が多くなった。一方、短時間の間に判断することを要求する問題が、受験生の学力低下、論理軽視、答え中心主義、思考力不足などの問題を引き起こしている。

○　科目間の不公平

　現在のセンター試験では、前年度試験問題の難易が受験生の科目選択に影響を与えている。しかし、各科目の平均点をそろえることは容易なことではないので、科目選択制によって生じる不公平感はどうしても残ってしまう。そして、それが結果的に、生徒の進路選択にも影響を与えるようになっている。

　このようにセンター試験を巡る問題には様々な側面があります。しかも、それぞれが深い奥行きを持ち、かつ互いに関連し合っていると考えられます。そこで、シンポジウムの実施から一年経った2006年7月に、理学振興研究連絡委員会のメンバーであった伊藤卓氏と筆者が編集委員となって、これらの問題をさらに深く考察することを目的として本書が企画されました。執筆者のうち、有山正孝氏、細矢治夫氏、室伏きみ子氏は上記委員会のメンバーだった方々です。また、勝木渥氏、樋口真須人氏、森田康夫氏は、上記のシンポジウムの際にも講師としてご出席いただきました。さらに、本企画を機会に、その趣旨にご賛同いただいた上野健爾氏、香本明世氏、清水建宇氏、田丸謙二氏、中嶋博氏を加え、13名もの執筆者がそろい、様々な角度から問題を検討する態勢ができました。

　本書は、12編の論説と、特別寄稿1編、それに執筆者有志による座談会録からなります。本書を読まれる読者は、各著者の意見が大筋では一致しているものの、まだまだ多くの対立点を残したままになっていることに気づかれると思います。本書ではそれらを整合させることはあえてしていません。それよりも、異なった経験と考えをもつ執筆者各氏の論考が、問題の姿を多角的に照射し、その全体像をより鮮明に浮かび上がらせることを、本書の最重要課題として編集を行いました。その意図がどの程度達成できたかについての評価は、読者の皆様によって下されることでしょう。ここに取り上げた数々の論考が、皆様のより深い考察の手がかりとなり、真の教育百年の計に結実することを心から願っています。

2008年1月

編著者　中井　仁

検証「共通1次・センター試験」

目　次

序　*i*

緒言：わが国の教育環境のもとでの大学入試センター試験のあり方
　　を考える ………………………………………………… 伊藤　卓…*1*

大学から見た共通1次・センター試験
　壮大な無駄骨折り ………………………………………… 細矢治夫…*18*
　センター試験が大学にもたらしたもの ………………… 有山正孝…*25*
　センター試験の将来像を考える
　　──大学の序列化と没個性化からの脱却── …… 室伏きみ子…*33*

教育接続としてのセンター試験
　数学のセンター試験について …………………………… 森田康夫…*40*
　大学入学資格とセンター試験 …………………………… 上野健爾…*51*

センター試験の高校教育への影響
　学力低下の時代 …………………………………………… 香本明世…*64*
　センター試験と高校教育の質的変化 …………………… 中井　仁…*81*
　センターテストの解答分析から分かること
　　──『物理』の場合を例に── ……………………… 勝木　渥…*109*

教育観とセンター試験
  探究力が育つシステムをめざして …………… 樋口真須人…*128*
  フィンランドの教育に学ぶ
   ——平等と卓越の保持—— ……………………… 中嶋　博…*144*
  「ものしり」から「思考力」の時代へ …………… 田丸謙二…*155*

特別寄稿
  センター試験改革を求める学校現場 …………… 清水建宇…*168*

座談会
  「共通1次・センター試験」を考える ……………………… *174*

結び　　*207*

緒言：
わが国の教育環境のもとでの大学入試センター試験のあり方を考える

伊藤 卓（横浜国立大学名誉教授）

1. はじめに

　わが国の教育制度の変遷のなかで、1948年度に発足した新制高等学校の初めての卒業生が新制大学に進学する時期に先立って、1949年度の新制国立大学発足の際に、それまで部分的に施行されていた知能検査を進学適性検査と名を改めて、国立大学志願者全員に対して実施するようになった。俗に「進適」と呼ばれたこの進学適性検査は、新制大学進学希望者に対してその知的資質を測定し、あわせてその傾向を検出する趣旨で、当時の文部省が問題を作成し、都道府県単位で全国いっせいに実施された。国立大学以外の公・私立大学については、これを用いてもよいし、大学独自の「進適」を行ってもよいことになっていた。
　この進適の導入は、ともすれば学力検査偏重に陥りがちな従来の選抜方法に対する軌道修正の意味が込められていた筈であるが、結果はその逆で、「進適のための受験勉強」の激化の弊害が顕在化し、併せて出題および結果の妥当性に対する不信の動きなどが出てきたこともあって、1955年には全国いっせいに実施される進適は廃止されることになった。
　その後、1967年からは財団法人能力開発研究所が行ういわゆる「能研テスト」の結果を入学者の合否判定に利用することで選抜方法の改善を目指した時期もあったが、これは様々な問題を克服することができず、短期間で終息した。それに伴い、文部省は「大学入学者選抜実施要項」に盛り込むことで各大

学に対して個別の入学者選抜方法の改善を促しはしたものの、特定の大学・学部への志願者の集中に伴う入学競争の激化や浪人の数の増大など、ますます社会的な問題としての深刻の度を増す方向に向かうこととなった。それを請けて文部省は、1971年に大学入学者選抜方法の改善に関する会議から提出された報告に基づき、①調査書の活用、②共通学力検査の実施、③大学が行う学力検査等の改善、④大学における入学者選抜事務処理体制の整備、⑤高等学校における進路指導の充実、の5項目を提案した。このなかで特に②については、上述のような過去の経緯もあることから、文部省ではその実行に向けての慎重な検討に入った。

このような背景のもとで、共通第一次学力試験の名のもとに全国統一の入学試験の第1回が実施されたのが1979年で、それからすでに28年（2007年現在）が経過した。この間、対象を当初の国公立大学進学希望者のみから私立大学にまで広げることにともなって名称を大学入学者選抜大学入試センター試験（通称入試センター試験）に変えたり（1990年度から）、アラカルト方式を導入するなど、制度上様々な変遷を経ながら、今では全国で50万人余の受験生を対象にする巨大なイベントとして、わが国の教育システムの中で極めて大きな影響を及ぼすことになってきている。試行錯誤に基づく若干の制度改変はあるものの、全国一律の統一試験の位置付けで四半世紀を超える制度の存続は極めて異例のことであり、それが故に、その制度がわが国の社会のあり方に対して及ぼした影響は極めて大きいものがある。

さらには、こうした膨大な数の受験生に対して課される試験問題の作成ならびにその実施については、公平性を含めて格別に細心の配慮が必要であることは言うまでもないが、それに加えて、その内容についても中等教育に及ぼす影響の大なることを十分に意識して、そのときの教育課程に正しく準拠した視点が厳しく要求される。このために、独立行政法人大学入試センターが担うべき使命は極めて大きく、重いといえる。

本稿では、現行の大学入試センター試験が教育界のみならず社会に及ぼした影響について顕在化しているところを、その功の部分と負の部分のそれぞれについて考察をしてみたい。

2. 大学入試センター試験のねらうところ

大学入試センターでは、現在のセンター試験が果たす役割として、つぎの4点を挙げている。[1)]

(1) **難問奇問を排除した、良質な問題の確保**：昭和53年度以前は、高等学校教育の程度や範囲を超えた難問奇問の出題が少なくありませんでしたが、共通第1次学力試験や大学入試センター試験の導入により、難問奇問を排除した良質な問題が確保されるようになり、現在、高等学校等の関係者からも高い評価を受けています。

(2) **各大学が実施する試験との適切な組み合わせによる大学入試の個性化・多様化**：大学入試センター試験を利用することで、大学が独自に行う試験として、小論文、面接等を実施する大学や、推薦入学、帰国子女・社会人を対象とした特別選抜を実施する大学が増えつつあります。このように、大学入試センター試験は大学入試の個性化、多様化に貢献しています。

(3) **国公私立大学を通じた入試改革**：私立大学の参加は年々増えており、利用した私立大学からも好評を得ています。（筆者注：センター試験利用大学数の年次推移については下図を参照）

(4) **利用教科・科目を各大学が自由に指定できるアラカルト方式による大学の序列化の回避**：大学入試センター試験では、利用教科・科目を各大学が自由に指定できるアラカルト方式により、いわゆる輪切り、序列化を助長しないようにしており、大学入試センター試験の多様な利活用が進んできています。

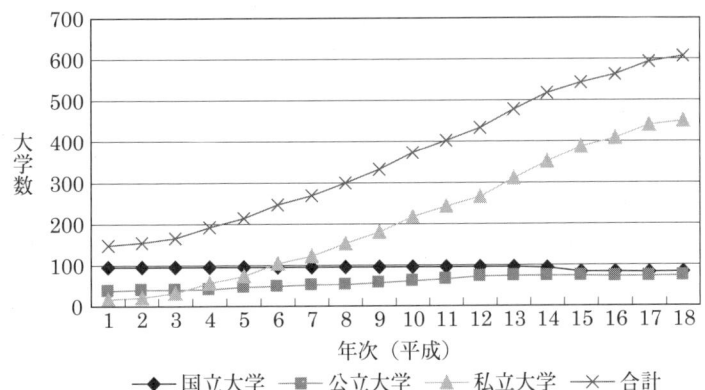

図1　大学入試センター試験利用大学数の推移[2)]

一方、大学における大学入試センター試験の利用に関しては、個々の大学の状況に応じて、例えばつぎのような様々な態様が考えられよう。
- 基礎的な学力を幅広く評価する目的で、出題教科・科目を総合的に利用する。
- 一般選抜の定員の一部について、大学入試センター試験の特定の教科・科目のみを利用する。
- 利用する教科・科目に幅を持たせ、受験者が得意なものを選択させて利用する。
- 調査書と大学入試センター試験で第1次の選抜を行い、その合格者について面接試験を実施する。
- 工学部においては、例えば大学入試センター試験の数学・外国語を利用して、大学が行う試験は理科のみを実施する。
- 入学定員の一部について、大学入試センター試験と大学が行う試験のうち、高得点の方を合否の判定に使用する。
- 推薦入学について、例えば大学入試センター試験の国語・外国語を利用し、大学が行う試験としては面接のみを実施する。
- 大学入試センター試験で必要とする成績水準を明示した上で、大学入試センター試験の成績がその水準に達している者は大学が行う試験に進ませ、合否の判定に当たっては大学入試センター試験の成績は合算せずに大学が行う試験の成績のみを用いる。（いわゆる足きりとしての利用）
- 大学の自主的な判断に基づき、前年度の大学入試センター試験の成績を当該年度の入学者選抜に利用することも可能。

3. 大学入試センター試験がもたらした「功」

前項で記したような形で個々の大学が大学入試センター試験を利用した場合に、想定される、もしくは実感される成果として、実際に大学入試センター試験を導入している大学からは、つぎのような評価意見が寄せられている。

・大学入試センター試験を利用した選抜については、全科目に平均的な学力を有するオールラウンド型の学生が受験するなど、従来とは異なった層の学生を開拓することができた。
・大学入試センター試験の利用により、今まで実施が難しかった小論文や面接を導入する余裕ができ、偏差値・輪切り型の選抜から方向転換を図ることができた。
・受験者が全国的に広がり、受験者数も従来より増加した。
・大学のPRに役立ち、イメージアップが図れた。
・大学独自の試験のみで選抜を行うよりも、広範囲の教科・科目を利用した広い視野から受験者の適性の評価が行えるようになった。
・同一大学・学部の受験チャンスが1回増えたことが受験者に好評であった。

　いずれも、大学入試センター試験を導入することによって得られたプラスの側面を物語るものである。またこれとは別に、後述するように全国から集まる選りすぐりの現職大学教員によって手間隙をかけてなされる作問であるがゆえに、択一式であることの限界を度外視するならばその問題の質は高く、信頼に足る数多くの問題が年々提供されていることの「功」は無視することはできない。共通1次試験から始まって28年間もの長い期間にわたって、実施が継続されてきたこと自体がその証左といえよう。

4.　大学入試センター試験がもたらした、もしくはもたらすであろう負の側面

　こうした大学入試センター試験の効用を評価する意見がいくつかあるものの、その一方では、人的にも財政的にも巨大なエネルギーを注ぎながら遂行されている現在の大学入試センター試験がもたらす、つぎに示すような様々な負の側面をあらわす声が聞こえてくるのもまた事実である。本稿第2節に記した、大学入試センターの設定する本センター試験が果たす役割として掲げてい

る項目に沿って、その実態を検証してみよう。

　大学入試センターが想定する4つの「目論見」のそれぞれについて、内包される見過ごすことのできない問題を次のように挙げることができる。

（1）　難問奇問を排除した、良質な問題の確保
　a.　マークシート方式による「良問」の限界：50万人を超える受験者を考えれば、マークシートを用いる択一式の出題方式が前提とならざるを得ない。出題委員会では知恵を絞って、その制約のもとでの良問作りに邁進してはいるものの、その制約がもたらす障壁は高い。中等教育に及ぼす大学入試の影響の大なることを考えるとき、真に考えさせる問題を柱とする良問の作題からの止むを得ない乖離がきわめて懸念されるところである。
　b.　マークシート方式問題に特化された解答秘策の流布：真に考えさせる問題からの乖離とともに、受験生にとっては解答テクニックの習得を優先させる機運を醸成する弊害に加えて、教育機関においても進学実績を重視する余り、そのテクニック取得のための指導に走りがちになることが懸念される。学習塾などについても、こどもの学習支援という本来の存在意義から、異なる趣旨への方向転換のきっかけを与えることになりはしないだろうか。
　c.　作問委員会を構成する大学教員の過重負担：平均して月に3日間、部会ごとにおよそ20名前後で構成される作問委員が全国から東京に集まって鳩首論議を重ねること2年余で、ようやく1セットの問題が出来上がる。大学入試センター試験のもたらす社会的な重みを勘案すればそれだけの労力を注ぐ必要があるのは尤もであるが、当該の大学教員にとっては、大変な負担である。本来の校務が益々過重を極める昨今の情勢を考えるとき、この難行に応えてくれる人材の確保がいつまで可能であるのか、心配されるところである。

（2）　各大学が実施する試験との適切な組み合わせによる大学入試の個性
　　　化・多様化
　d.　入試方式の多様化による学生のレベル分散：現在、国公私立を問わず多くの大学では、異なる仕組みの入試方法を数多く採り入れて、多様な資質を備

えた学生の入学に門戸を開く方向にある。その場合には、大学入試センター試験を課す、もしくは課さない、また、課す場合にもアラカルト方式に基づいて必須とする科目に様々な選択肢を用意することが多い。そうした多様性は歓迎されるものの、一方では、センター試験に固有の問題ではないが、大学の教室にはレベルの異なる学生が共存することになるわけで、大学での教育の質に何らかの影響が出るのではないかということが懸念される。

　　e.　**大学教員の入試関連業務に関わる負担増**：上述のように、ひとつの大学で実施される入試の種類が多岐にわたり、その回数も増えるに従い、それを実施する側の仕事量の増大は計り知れないものがある。限られたマンパワーのもとで、それぞれの教員が研究と教育に精一杯の力を注ぐ日常のなかにあって、入試に関わる業務に割ける時間には限界がある。個々の教員の負担の過大な増加に備えて、教育・研究の質の確保に向けた新たな工夫が必要であろう。

　　f.　**個別入試の形骸化の懸念**：必ずしも全ての大学が該当するものではないものの、大学入試センター試験を有効に採り入れることによって、個別入試が必要でなくなる、もしくはごく形式的な簡易な試験で済ませられるような事態も生じてくる。本来、大学としては自分の大学の個性に応じた個別の入試を実施して、学生を採用するべきものであろうが、大学入試センターのねらいとは裏腹に、大学入試センター試験への過度の依存の結果、偏差値の輪切りに依拠した学生選抜にもつながりかねない悩ましい問題が生じることが懸念される。

（3）　国公私立大学を通じた入試改革

　　g.　**作問に当たっての難度レベルの調整の難しさ**：大学入試センターでの作問に当たっては、当該科目の学習指導要領を逸脱しないことや、少なくとも複数の教科書に記載がなされていることの確認を厳密に遵守することが要請されている。一方では、学習指導要領は教育の最低の基準を保障するものとの文部科学大臣の見解が示された現在、教科書も「発展」の項目の導入によってそのレベルも多様になる傾向がある。学生の学習能力のみでなく、様々な切り口で

の資質の評価を重視する流れのなかにあって、大学入試センター試験の果たすべき役割は何であろうか。単に志願学生の質の最低の保証を求めるだけであれば、これほどの膨大なエネルギーを費やさないでも、他にもっと有効な方法があり得るはずである。この点については後述する。また、上記（2）のfに記した「個別入試の形骸化への懸念」は、ここで指摘する事項にも同じく該当するものである。

　　h．**偏差値による大学の序列化助長**：国公私立大学で広く大学入試センター試験の入試を採り入れた学生選抜が行われる事例が増すことで、大学入学年齢の生徒の偏差値がより鮮明に浮き彫りになってくる。そのことはひいては、大学の偏差値による序列化に繋がりかねず、わが国の高等教育のあり方として決して望ましいものとは言えない。次項（4）で謳う大学入試センターの目論見と相反する方向に進みかねない現実の流れが懸念される。

（4） 利用教科・科目を各大学が自由に指定できるアラカルト方式による大学の序列化の回避

　　i．**対応科目の多様化による作問側の負担増**：およそ10年に1度のペースで実施される学習指導要領の改訂に伴ってその都度導入される、教育課程のよりいっそうの多様化に応じて、作問部会の数がどんどん増えてゆく。部会を増やすことなく、既存の部会で扱う領域を増やす場合もあり得る。アラカルト方式を前提にしていることから、それを採用する大学・学部がどんなに少なくても、あらゆる科目に対応した作問が要請される。こうしたことはいずれも、作問側の負担増をもたらすことになり、ひいては大学教員の過重負担に繋がるものといえる。科目によって受験者数に大きな差異があることは、表1に一例として掲げた平成18年度の科目別の受験者数分布状況を見ると明らかである。

表1 教科・科目別受験者数分布（平成18年度 本試験）

教科名	科目名	受験者数
国語	国語	482,808
地理歴史	世界史A	1,524
	世界史B	90,209
	日本史A	4,835
	日本史B	144,959
	地理A	6,383
	地理B	110,948
公民	現代社会	220,731
	倫理	43,643
	政治・経済	62,961
数学①	数学I	14,004
	数学I・数学A	356,035
数学②	数学II	12,187
	数学II・数学B	317,357
	工業数理基礎	86
	簿記・会計	1,071
	情報関係基礎	554

教科名	科目名	受験者数
理科①	理科総合B	17,375
	生物I	177,901
	総合理科	1,762
	生物IA	2,998
理科②	理科総合A	35,244
	化学I	197,974
	化学IA	3,929
理科③	物理I	139,620
	地学I	26,111
	物理IA	1,553
	地学IA	938
外国語【筆記】	英語	499,630
	ドイツ語	106
	フランス語	141
	中国語	397
	韓国語	189
【リスニング】	英語	492,555

・「理科」のなかの、総合理科ならびにIAを付す科目は、旧教育課程に対応するもの。

  j．科目内／教科・科目間での難易度調整の難しさと、それによりもたらされる弊害：大学入試センターで対応する科目が増えることで、科目間での難易度に差異が生じた際の影響が問題になる。作問部会においては、同じ教科に属する他の科目の平均点を極度に気にしながら問題のレベル設定を考えているのが実情である。例えば理科においては、物理・化学・生物・地学の4科目のなかから、受験生は希望する大学の指定によって、あるいは自分の得意不得意に基づいて幾つかを選択受験する。そのいずれの場合にも、その科目の前年度の平均点が大きく影響を及ぼすことになる。平均点が低い科目については、

それを選択すべき科目として指定する大学にとっては志願者減が懸念され、また、その科目を選択した個人にとっては他科目を選んだ人に比べて自分の偏差値を下げることになり、どちらも歓迎するところではない。このことは翌年のその科目の受験者数の減に繋がることになり、挙句は科目の人気のバロメーターに堕する恐れがある。受験生は本来は、自分は何を学びたいか、何を得意科目としたいかによって選択科目を選ぶべきであるにもかかわらず、実態は、どの科目が点をとりやすいか、受験に有利かで科目が選択されるという、憂慮すべき事態を招来していることを見過ごしてはならない。教科「理科」を例にして、科目間での受験者数と平均点との関係をまとめた次頁の表2からもその様子を垣間見ることができる。この表からはそれ以外にも、科目間による受験者数のアンバランスな状況をはじめ、受験者数の増減に与える様々な要因を読み取ることができる。

　以上の議論は、科目ごとに受験する生徒の母集団の成績レベルが均等との前提の上に成り立つものである。しかしながら、科目ごとの平均点はその受験者層の構成にも依存するわけで、例えば、理系を得意としない文系志望の受験生が、志望大学の指示で理科のなかから1科目を選択受験しなければならないような場合には、どちらかと言えば理系の高度な専門知識を必要とする物理よりも、より取り付きやすい化学や生物を選択することは充分にあり得よう。表2における化学や生物の受験者数が多いこともそれを物語っており、その結果、それらの科目の平均点を他の科目と整合させるためには、格別の配慮が時には必要になってくる。

　教科間、科目間でのこうした受験生の争奪戦が看過できない状況であるばかりに、作問部会では少しでも平均点を上げる手立てを講じなければならないという実態は、良問作成の観点からも懸念される事態といわざるを得ない。さらには、ひとつの科目のなかでも、「解きやすい問題」の分野間での奪い合いまで繰り広げられかねない状況は正常とは言い難い。

表2 「理科」科目別受験者数・平均点 年次推移（本試験）

平成	9年度	10年度	11年度	12年度	13年度	14年度	15年度	16年度	17年度	18年度
物理IB	158,413	158,641	152,554	150,993	149,677	151,576	148,752	149,592	140,528	139,620
	70.71	64.88	66.49	55.91	72.81	61.01	61.60	62.92	59.97	73.42
化学IB	168,368	186,109	183,736	188,575	190,244	199,023	201,745	219,416	209,839	197,974
	62.93	65.92	63.72	57.53	58.51	57.48	61.81	54.30	66.06	64.13
生物IB	155,172	152,840	144,940	151,224	162,479	172,253	176,210	182,654	176,849	177,901
	51.73	62.85	73.02	70.12	67.12	62.85	66.98	62.67	51.58	69.60
地学IB	21,517	21,985	19,200	21,568	20,358	24,253	23,646	19,373	18,795	26,111
	67.62	60.78	67.46	66.23	64.25	61.19	56.83	63.68	64.05	59.29
総合理科	1,272	3,159	4,200	5,209	4,858	8,822	13,036	53,971	78,959	(A) 35,244
										(B) 17,375
	67.04	58.45	66.16	52.75	68.03	65.52	59.55	56.74	48.44	(A) 66.71
										(B) 65.80

・平均点は、100点満点に換算した点数を表示。
・平成18年度総合理科の (A) は理科総合Aに、(B) は理科総合Bにそれぞれ対応。
・平成18年度の科目名は、上から順に、物理I、化学I、生物I、地学I、理科総合AおよびBに対応。
・平均点60点未満の科目に網かけ。

5. 大学入試センター試験と日本の社会

これまで大学入試センターが掲げる大学入試センター試験のねらいの裏に潜む様々な問題を指摘してきたが、実は大学入試センター試験の実施そのものが与える社会的な影響にも次のような重大な問題が包含されている。

① **生徒の学習能力評価に対する教育機関外からの影響力の増大**：大学入試センター試験の点数による生徒評価が先行することにより、生徒はそれの高得点を取得するための技術の習得に邁進することになりかねない。その結果、受験産業などによる影響がいっそう増大するであろうし、高校などの教育機関でもそのような視点が導入されれば、初等中等教育課程の本来の機能の歪曲化に繋がるものとして極めて憂慮される。

② **地域による不平等への危惧**：交通機関の発達した都市部に居住する生徒に比べて、試験会場に向かうための足の便が十分ではない過疎の地域に居住する生徒との間での不公平は許されるのだろうか。また、毎年の大学入試センター試験実施の際に巷間で話題になる天候の問題もあろう。極寒地や豪雪地帯などにみられる受験条件の格差が及ぼす試験結果への影響は見過ごしてよいのであろうか。このような不公平を是認してこの制度が存続することは、究極的には都市集中型人口推移の助長にも繋がりかねないことが心配される。

③ **偏差値偏重社会の容認による弊害**：全国・全大学統一の試験で生徒を競わせることは、たとえアラカルト方式が採り入れられているとしても偏差値偏重の社会を助長することになることは否めない。わが国の特殊性としてこれまで厳然として存在している学歴偏重の社会構造から、国際的な視点に基づく個人能力尊重への移行の機運に対して、偏差値偏重を促す大学入試センター試験が著しい阻害の効果をもたらしかねないことが気懸かりである。

④ **画一的学力評価制度による弊害**：多様性を尊重する現在の世の中の動きのなかにあって、画一的な学力評価制度である大学入試センター試験

の実施は、最も多様な発想の涵養が期待されるはずの青年期において若者の没個性を促し、本来持てるはずの能力発現を減退させることにつながりかねない。

⑤ マークシート対応人間の量産：深く考えるよりも浅く早く考える能力の涵養に重点が置かれる教育の蔓延が、次代を担う人材の育成の観点から好ましいものでないことは言うまでもない。

⑥ 50万人受験生への公平な対応の難しさ：各大学で実施される個別試験における公平性の確保についてさえ、大変な注力が必要であり、現実にはそのような努力にもかかわらず毎年何がしかの問題がマスコミの俎上に上るのが避けられない状況である。全国いっせいに50万人を超える生徒に対して実施される大学入試センター試験においては、その公平性を確保するために注がれる労力は並み大抵のものではない。このために手当されている財力・人力双方の出資効果が果たして妥当か否かの的確な判断が求められるところである。2006年度大学入試センター試験から導入された英語のリスニングテストにおいては、こうした課題への対応が格別大きくのしかかることになろう。

⑦ 作問・準備・実施・整理過程における問題漏洩・情報漏洩等に対する配慮：上述のように、大学入試センター試験実施の上で人的・財的に莫大なエネルギーを費やしている一方、入学試験のもつ不可欠な条件である機密の保持についても、常識を超えたレベルの配慮が求められることになる。

6. これからの大学入試センター試験のあり方

こうした状況を勘案して、これからの大学入試センター試験のあり方について筆者はつぎのように考える。

一つには、きめられた時間内で解答するには現状の構成では問題の数があまりに多過ぎるのではないだろうかということである。大学入試センター試験の

性格上、学習指導要領で示されている学習内容を満遍なく一通りカバーしなければならないとの制約があるのは分かるが、そのように努力はしても実際には学習範囲の中での抜け落ちはどうしても免れることはできない。

　それならいっそのこと、年によって分野ごとの濃淡の違いが生じることをある程度是認した上で、問題の数をもっと減らすようにできないものだろうか。現場の高校で、あるいは受験産業では、「問題を要領よく効率的に解く」ことにかなりウェイトを置いて指導がなされているように聞くことがある。そのことを反映して、試験問題のなかでも、時間をかけずに「知識」を頼りにすぐに正解に導けるような問題をまず手がけて、計算を伴うややこしい問題や考えなければならない問題はすべて後回しにするのが「コツ」と教え込まれているような節が見受けられる。論理的な思考力を育てることを重要な使命の一つとする教科「理科」の試験では特にじっくり考えてもらいたいにもかかわらず、現実は「時間との勝負」の様相を呈しているのが実情のようである。主要な大学で大学入試センター試験の成績をそれほど評価の対象に据えられない原因の一つがここにあるのではないだろうか。

　つぎに、現行の作問部会には、高校の現場の教員はメンバーとして参画していない。普段は学習指導要領はもとより高校の教科書なども殆どひも解くことのない大学の教員が寄り集まり、部屋に備えられた教科書と首っ引きで作問をしているのが実情である。最近では、高校の教員で構成される委員会が科目ごとに組織されて、ある程度成案に到った段階で問題の点検をするシステムが構築されるようになり、それによって現場の教員の意見を少しは作問に反映させることができるようにはなった。しかし、作業効率から言えば、作問部会に高校の教員も参画するのが最良であろうと思われる。問題守秘の観点から、なかなか実現は難しいのかも知れないが、実情に即した良問作成のためにはこの点を是非ともクリヤする必要があるように思われる。

　これをさらに発展させれば、時折話題に上る、大学入試センター試験を高校課程修了資格試験と位置づけて、高校側で作問・実施のすべてを司るようなシステムに思い切って方向転換することをまじめに考えてはどうだろう。あるいは、大学入試センターの機能に手を加えることが許されるのであれば、現行

のように全国で50万余人にもおよぶ生徒がいっせいに受験するという大仕掛けの大学入試センター試験の実施は取りやめて、現在までに蓄積された大学入試センター試験の問題をベースにして、「入試問題バンク」のような性格付けに方向転換するのも意味のあることではないかと考える。

折りしも2007年度初頭には、わが国の義務教育段階の教育の結果の検証の観点に立って全国的な子ども達の学力状況を把握する「全国学力・学習状況調査」を実施することになった。日本中の小学校6年生と中学校3年生の全児童・生徒に対する国語と算数・数学についての悉皆調査という意味で、前例をみない試みであって、これの実施のために注がれるエネルギーも並大抵のものではない。義務教育の質の検証のために、このような悉皆調査の必然性があるのかどうか釈然としない思いを禁じえないが、大学入試センター試験の今後のあり方を考える上でも互いに無縁ではないように思われる。

また、2005年10月には、NPO法人「教育制度研究フォーラム」による高校生の「全国統一学力判定試験」が実施されることが報じられた。[3] 高等学校卒業程度の基礎学力を確認することを目的として、現在試験的な施行が続けられている。上に掲げた、現行の大学入試センター試験が抱える幾つかの課題に対処するための具体的な方策の表れの一つとして、大学入試センター試験との役割分担の仕組みも含めてその成り行きが注目されるところである。

引用・参考文献
1) 大学入試センターホームページから引用（http://www.dnc.ac.jp/gaiyo/yakuwari.htm）
2) 大学入試センターホームページに掲載の表から数字を引用してグラフ化
   （http://www.dnc.ac.jp/center_exam/19exam/riyou.html）
3) 全国統一学力判定試験の公式サイト（http://www.toitsu55.org/）

大学から見た共通1次・センター試験

壮大な無駄骨折り

細矢治夫（お茶の水女子大学名誉教授）

1. 「共通1次」との個人的な関わり

　共通1次試験から入試センター試験に衣替えはしたが、個人的にはずっと批判的であり続けていた。しかし現実には、定年の数年前までは毎年のように試験監督をやらされたり、共通1次開始時に「基礎理科」の出題委員を2年間やらされたりした。更には、大学で学生部長と学部長をそれぞれ2年間ずつ務め、その時は仕事がら、大学の2次試験のみならず、センター試験の実施責任者の役も「無事」果たすことができた。だから、こういう試験には反対の気持をもちながら、首尾一貫を通せずに終わってしまったという我が身の不甲斐なさを否応無しに感じさせられる。また1979年の実施以前から、大学基準協会の入試委員会の委員の一員としてこういう試験についての議論に参加する機会をたまたま持つことができた。更に、「傾斜配点」の先駆けのようなこともした経験を持つ身としては、「共通1次・センター試験」に対してどうしても好意的な見方をすることはできない。

　本当は言いたくないのだが、「共通1次・センター試験」が始まってから、我がお茶大に入って来る学生の実力は低下傾向が続いているのである。いわゆる「輪切り現象」だ。「御同様」と声をあげられる大学も少なくはないはずである。このことについての分析はしてあるが、ここでは披露しない。

　兎に角、私としては、この「共通1次・センター試験」に対して「壮大な無駄骨折り」だったというレッテルを貼らざるを得ない。しかし、ただの「無駄

骨折り」では済まず、悪しき影響をいくつも残してしまった。ここでは、「共通1次・センター試験」で何が無駄骨折りであったかということと、それに関わる私の生々しい経験、更にそれらをもとに、私の頭の中で結論付けられた「共通1次・センター試験」のもたらした悪しき影響について述べることにする。決して、これは私一人の偏見でないということを確信しているので、識者の御意見を是非伺いたい。

2. 二つの無駄骨折り

　1970年代の前半には、文部省はこの試験には乗り気ではなかった。その当時私は大学基準協会の入試関係の委員会の委員をやっており、米国のSAT（Scholarship Attitude Test）やAchievement Testについて、同じ委員の青山学院大学の故山根教授からいろいろ教わったり、同じく委員の群馬大学の故秋月康夫学長の積極的な支持論を拝聴したりしていたが、その時文部省の腰は非常に重かったことを記憶している。秋月先生は、自分の大学の学生の2期校コンプレックスを如何にしてなくしたいかを悩んでおられた。
　この時に山根先生から聞いた話では、米国のこれらの試験は年間数回行われ、自分の各科目の成績を知ることができるので、高校生は1年から3年までの間、その時に自信のある科目を細切れに、かつ何回も受験でき、各科目の中で自分が獲得した最高の点を、その科目の自分の成績として積み上げ、上方に更新できるという。だから、人によってはどんなに頑張っても、ある科目の得点をある程度以上は上げることができないので、これらの試験が適切な進学指導の役割も果たしていることを知った。また、在日の米国の高校生も、横須賀等の米軍のキャンプ地でこれらの試験を受けることができる。そういう柔軟な性格の試験ならば是非やるべきだということは、委員会みんなの共通した意見だった。
　ところが、1979年に実施されることになった「共通1次」は、周知のように全く画一的で、日本中どの試験場でも、監督官は同じ時刻に全く同じ注意事

項をロボットのように読み上げ、受験生の監督にあたらなければならなかった。我が大学の某教官が、このシナリオ以外の私見を受験生にのたまわったことがばれて大騒ぎになったことを記憶している。

　本試験を受けられなかった者の中で、ある条件にかなった者だけが別の日に追試験を受けることができる。だから、全科目について最低2組の問題を出題委員は秘密に作成しなければならない。しかも、関東地区以外に本務のある出題委員は、学部長以外の同僚には秘密裏に度々出張をせねばならず、大変な苦労を課せられていたのである。

　また、「基礎理科」というのは、その科目を設けた考えは良かったのだが、全国で確か二百人前後の生徒しか受験をしなかった。それなのに、物化生地と全く同じ数の問題作成委員が割り振られたので、あえて無駄骨折りとは言わないが、極めて贅沢な試験体制が作られたのである。私個人としても、専門の違う先生方と知合いになったり、議論を戦わすことなどで、この経験は非常に勉強になった。

　ところが、当初は2組だけでなく合計6組の問題を作らされた。本試験と追試験に使われる問題の組は試験当日まで出題者にも知らされておらず、しかも残りの4組の問題は全て破棄されたのである。追試験が終わってから、「あの幻の問題は良かったのに、日の目を見なかったのはかわいそう。」というつぶやきを仲間うちでしたことを覚えている。現在では6組は作問していないらしいが、それでも、破棄されてしまう問題を作るということは大変な無駄骨折りである。

　今の立派な入試センターの建物ができる前は、旧教育大学農学部のオンボロ校舎の冷房のない部屋に、たらいを置き、何貫目かの氷のかたまりにタオルをかぶせ、そこに扇風機の風を当てて冷をとるという、今では考えられないくらいの悪条件でよくあんなに沢山の無駄な問題を作ったものだと、自分でも感心してしまう。

　問題作成委員は、それぞれの専門分野の全国に散らばる人達の中から選ばれ、一つの問題も大勢の智慧と眼を使って作るのだから、選択解答の形式の縛りがなければ、良問は沢山あるはずである。だから、「共通1次・センター試

験」に出た問題から良いのを選び出し、設問の形式を変えてやれば、かなり質の高い良問集ができることは間違いない。しかし、それがある程度の大きさの規模で実行されたということは聞いていない。

つまり、日の目を見ずに破棄される問題の他に、選択解答形式に縛られるために、良い問題を悪い問題にしてしまうということも、大きな無駄骨折りの一つである。

自動車の運転免許を取るための試験のように、「センター試験」の過去問をデータベースにして、良問ならば同じ問題を何回使っても良いという声が、最近段々と高まって来ているそうである。私もその趣旨には賛成である。是非実行すべきである。

3. 画一的試験の弊害

先にも述べたように、「共通1次・センター試験」は全く画一的な全国的行事として始まった。しかし、得点は受験生に通知されないので、受験生は疑心暗鬼で「自己採点」をせざるを得ない。その理由は何だろうか。受験した生徒の平均点が出ることによって高校の序列化が明らかになるのを恐れたためだろうか。米国のように、高校生が何回も細切れ的に受験できるようになっていれば、こういう序列化のデータにはなり難いはずである。つまり、「共通1次・センター試験」の画一性が薄ければ、生徒に得点を知らせても、高校や地方公共団体が困る事態は出て来ないはずである。

また、大学でも高校でも、試験を実施する学校の側からすれば、「共通1次・センター試験」の画一性が強ければ強いほど、試験実施のために必要な神経の使い方と、負担する経費の額は増えるはずである。機密保持のために計上すべき費用の額は相当なものである。

一方、受験生に得点が通知されなくても、「共通1次・センター試験」の画一性が強ければ、自己採点した数値は大手を振って一人歩きできてしまう。現に受験産業は、受験生の自己採点した結果をもとに、統計数理学の理論体系に

は影も形もない摩訶不思議な「偏差値」なる量を考え出した。わが国の高校の教師、生徒、その大学受験に関わる人達全ては、そのお呪いにかかってしまい、未だにその呪縛から抜けきることができないでいるのである。その結果、全国の国立大学のランキングも、受験生の自己採点という不安材料をもとにしたものではあるが、しっかりと作られてしまった。

つまり、「偏差値偏重」というわが国の大学受験問題のがんともいうべき社会病理の病状をはびこらせたことが、「共通1次・センター試験」のもたらした悪しき影響の最たるものであると私は考えている。

4. 文科省の権力の増大

次のことは、従来指摘されていなかったようであるが、「共通1次・センター試験」のもたらした、もう一つの大きな悪い影響は、文部省・文科省、というより、そこで働く官僚が従来に増して大学、特に国立大学に対して強い力をもつようになったことである。

前にも述べたように、私は学生部長を1986年1月から2年間務めた。その間、大学の入試関係の問題に関して学長に次ぐ責任を担う立場になったのである。当然、全国の国立大学学生部長会議というのが文部省で開かれる。当日私が会議であれこれ発言するのではないかと察した学生課長（学生部長の部下ではあるが、文部省の回し者的存在）は、「先生、今日はじっと向うの話を聞くだけにして下さい。」とチェックを入れて来る。学生部長が本省の気に障るような発言をして、本省から睨まれたくないからである。

会議には、全国約百の国立大学の学生部長か、それに相当する役職の先生達が課長と一緒に列席している。形式的に議長がその中から選出されるが、会議の進行は、殆ど本省の担当係長クラスの40そこそこの辣腕らしきお役人が取り仕切っていた。そのシナリオは、① 共通1次を粛々と執り行って欲しい、② 各大学の2次試験は、現在より「絶対に」増やさない、③ その他は、忘れた。多分学生や学生運動の管理についてであろう。

それから15、6年後、この人は出世して、文科省の某研究所の所長に就任し、そこで教授を務めていた善良なる私の友人を徹底的にいじめたことが分かっている。
　シナリオの②は、当時の自民党の文教族のプレッシャーということは見え見えだったので、「これはどこからの圧力ですか」と私は質問した。相手は一瞬びくりとした顔をしたが、何か適当なことを言ってはぐらかしてしまった。ある国立大学が、突然共通1次を止めるとか言い出すのなら、その会議の大事な議論の種になっても良いが、自分の所の入試の科目数を一つ二つ増やしたり減らしたりするのに文部省がとやかく言うことではないではないか。しかし、その時以来かなり長期にわたって、入試の科目数を増やさせないとする文部省・文科省の圧力が続いたことは周知の事実である。
　画一的な共通1次を粛々とやり終えるということが口実で、文部省はそれ以前より、強く、細かく各国立大学に様々な圧力を加えて来るようになったのではないか、と私は思っている。
　その後、本学の入試方法の問題に関して、本省から大学の方へ問い合わせがあった。そこで私が課長を通じて、何日の何時か指定してくれれば、学生部長が本省に出向いて説明をするから日時を決めてくれ、と答えた所、「部長にわざわざお出でいただく仕儀にはございません。」と逃げを打たれてしまった。
　実はその数年前に、私の大学で理学部の学生の受ける共通1次に「傾斜配点」をしたいと文部省に打診をした。その時私は入試委員で、もう一人の同僚と学部長の3人で本省に説明に行った。すると、対応に出てくれたのはかなり格上の課長で、「今、共通1次は、賛成51パーセント、反対49パーセントという存続できるかどうかの大変微妙な時期なので、お茶大さんが少し揺すっただけでも、どうなるか分からない状態です。文部省は命令をすることはできないのですが、この問題は国大協に御相談願います。」とかわされてしまった。
　当時「傾斜配点」は殆どの大学で行っていなかったので、かなり波紋を呼んだ変革だったが、お茶大も若干譲歩を示してことが進んだ。
　それはともかく、私が指摘したいのは、この時の文部省のかなり丁寧な対応、私が学生部長になった時の係長のおうへいな態度、およびその数年後のあ

れこれについての文部省の大学へのスタンス等の事実関係を繋げると、文部官僚の大学への対応の仕方がどんどん悪くなって来た、ということは明らかである。1期校、2期校に分かれていた「共通1次」以前は、私もチンピラだったが、その頃文部省はお金もなかったし、力もそんなに強くはなかったような感じがする。やはり、全国立大学一律に画一的な共通1次を施行するという大事業をやって行くうちに、なかば必然的に文部省、文部官僚の権力が増大して来たという感じを抱かざるを得ない。

　同時に受験産業は、ほくそ笑むだけでなく、強大な影響力を受験生や進学指導の先生方にもつようになったのである。「共通1次」が始まってからこのように力を強めたこの二つの機関も、「共通1次・センター試験」が画一的に実施されたことの利を得たのである。これから、大学はどう対処すれば良いのだろうか。定年退官をしてから何年も経ったこの老骨にとっても、この事態は悩ましい限りである。

センター試験が大学にもたらしたもの

有山正孝（電気通信大学名誉教授）

はじめに

　著者は大学教育の現場を退いて既に久しい。したがってその個人的な経験も時代遅れとなっていることであろうし、特に目新しいデータを持っているわけでもない。したがって以下に記すことは大学教育の現場からの生々しい報告でもなければ、客観的データに基づく分析の結果でもなく、著者の過去の体験と主観に基づく独断と偏見に過ぎない。しかし共通1次試験に始まる共通テストがこの四半世紀の間にわが国の高等教育、ひいては人材育成に齎しつつある影響は持続的なものであり、今後、世代を超えて影響を持ち続けるであろう。そのタイムスパンの長さを考慮すれば、著者の如き時代遅れの人間でも発言は可能であり、また許されると思う。
　以上の事柄を念頭において以下の小論をお読みいただければさいわいである。

1. センター試験の功罪

　共通1次に始まる統一テストは、その規模の大きさの故に、客観性を保ち得る方法として多肢選択問題とマークシート方式の答案、コンピューターによる採点方式が導入された。それはたしかに厖大な数の受験生の答案を限られた時

間内に客観的に正確に評価することに成功し、関連して多くの統計的データも蓄積された。

「出鱈目にマークをつけても一定の点数を獲得できるではないか」という疑問に始まる多肢選択方式の問題の欠点も、教育工学的研究の成果によって克服し、数多の作題担当者の多年にわたる努力工夫と経験の蓄積の甲斐あって、この形式の問題としては良く工夫され、良質の出題がなされるようになっている。

導入に際してしきりに言われたように、各大学の作成する入試問題に散見されたいわゆる難問奇問あるいは愚問を追放することにも役立った。

これらの成果を導いた関係者各位の今日までの努力を評価し、敬意を表することには著者も吝かでない。

しかし、それでもなおこの形式の入試問題には宿命的な問題点が存在することを否定できないと著者は考える。

問題点の第1は、深く考える習慣を遠ざけたことである。多肢選択問題は基本的には予め用意された答の中から一つの正答を選ぶのであるから、そのようなテストで安直に良い成績を得ようとするならそれなりのトレーニングが有効である。実際、限られた時間に多数の問題を課せられる結果、1問あたり1分程度で答えなければならないとすれば、時間をかけて深く考えるのは得策でなく、問題を類型化して速やかに正答を選び取る手腕を磨く方が有利である。またそれは正しい推論で正解に到達しなくとも、誤答を排除するのでもよいのである。いきおい記憶に頼ることとなって、自分で論理を追って考える訓練が疎かになっていると考えるのは著者の僻目であろうか。共通1次以来の四半世紀の間に、大学生のものの考え方は大きく変わったというのが実感である。

なおこの機会に一言触れておく。「知識の詰め込みが悪い」とされているが、苦労せずに覚えられるなら知識はあっても邪魔にはならないと著者は考える。むしろ知らないよりは知っている方が良い。ただし問題は、「記憶することが学習である」という錯誤、「理科は暗記ものである」という大きな間違いが世の中に普及していることである。

さて多肢選択問題とマークシートの第2の問題点は、自ら文章を書く習慣を

遠ざけたことである。この方式ではマークシートを塗り潰すだけであるから、自分で筋道の立った文章を書く必要はない。近年、大学生の文章を書く能力は甚だしく衰退しているが、その一因はここにあると考えられる。

ただしこのことはマークシート方式のみに責めを帰することはできない。そもそも文章を読む機会が少ないからこういうことになるのである。文法を覚えても良い文章を書けるわけではなく、多くの良い文章を読み、それに倣って自分で文章を書くことを重ねてはじめてよい文章が書けるようになるのだと著者は考えている。もちろん良い文章は書くべき内容があってこそ書けるものである。それがなければ、徒に美辞麗句を連ねた空疎な文章を書くことしかできない。

また近年普及したEメール、とりわけ絵文字を多用する携帯メールが、乱文の跋扈に拍車をかけていると見る。顧みて自分自身がそうである。手書きの手紙ならば書かないような乱文がEメールでならば平気で他人に送れるのである。残念ながらこの文章自体、すでにその習慣に毒されていることに忸怩たる思いがある。

このように他にも幾つかの理由を挙げることはできるが、マークシート方式の試験が文章を疎かにする一因であることは免れない。

以上に述べたような深く考える能力の衰退、文章を書く能力の衰退の傾向は、何もセンター試験ばかりの所為だけではないという反論もあり得よう。「一億総白痴化」といわれたテレビジョンの普及、我々の年齢の者には見る気も起こらぬ劇画なるものの浸透、ゲーム・マシン中毒、近年目覚しいインターネットの普及なども少なからぬ影響を与えているはずである。

さらに言うなれば人間の思考の形式・手段が変わりつつあるのかも知れない。人類は獲得した知識を言語、論理、数学を用いて記録し、分析し、その背後に潜む法則性を見出し、これを武器として新たな智を生み出してきた。しかし世の中のテンポが速くなるに連れ、それでは間に合わなくなったということも考えられる。

狩猟・闘争・スポーツ等において戦術的場面では、経験と訓練によって研ぎ澄まされた反射神経こそが決め手であり、一々考え事をしていては遅れをと

る。考えるのは戦略を練る場面である。自動車を運転する場合も同様で、ジェット機を操縦するともなれば更に敏速な反応が求められるのであろう。これらの場合のように一瞬を争う意思決定と行動のために、人間は視覚・聴覚で捉えて脳に入力される外界の情報に対応して、予め組み合わされ用意された、すなわちモジュール化された一連の動作を瞬時に発動するのである。それは反復訓練によって可能になる。

　それと同様に、思考も一々論理を追う必要はないと割り切り、既に得られた知識の枠の中で数ミリセコンドでも早く結論を得ることを重視するのであれば、予めモジュール化された知識を素早く組み合わせる能力が重用されることになる。そしてモジュールはブラックボックスでよいのである。コンピューターの使い方がそうである。何をやりたいのかに応じて適当な市販のソフトウェアを選べば、必要なデータを入力するだけで求める結果はたちどころに出てくる。どのような処理をしたのかは問うところでない。"Why"は不要で"How to"さえ知っていればよいのである。

　翻って考えれば今日まででも人間は様々な知識を適当にモジュール化して思考の経済を図ってきたのである。この傾向を推し進めてモジュールが極端に大きくなると、一見、思考方法が変わったように見えるのかも知れず、そう考えれば、歎くこともないのかも知れない。そして多肢選択問題とマークシート方式の試験でよい成績を収める訓練は、あるいはこのような思考方式の訓練には適しているともいえよう。

　しかし大学では、此処に言うモジュールの内容を理解し、さらに新たに作り出すことのできる能力を持つ人材を育てなければならない。ゆえに上記の流れを時代の流れであり、必然であると言って済ますことはできないのである。そのためには深く考える力も必要、文章を書く力も大切で、このような観点からもセンター試験のあり方、特にその利用方法についての再検討が必要と考えられる。

　もちろん、大学入試はこれまでも基本的にはセンター試験だけではなく、大学独自の個別学力検査と組み合わせて実施されることになっている。個別学力検査では大学の特色を打ち出すことが期待され、記述式の問題が課されるのが

普通である。また近年はセンター試験を受験しなくともよい AO 入試、推薦入学等の枠も少数ながら増えつつある。それでもセンター試験のもつ影響力は大きい。実際、センター試験と入学後の成績は高い相関を持つから個別学力検査は不要であるという説が強調され、その試験教科科目の削減が唱えられた時期もあったのである。

2. 偏差値という妖怪──偏った指標による大学の序列化

　わが国の教育界に偏差値という統計の概念が導入されたのは、1970年代に中学生に対する進路指導、つまり高校受験に際しての学校選択のための客観的指標として業者の行う模擬テストの偏差値が利用されるようになってからといわれる。

　偏差値とは何か、改めて解説するまでもないと思うが、念のため簡単に説明しておこう。偏差値は下記の式で定義される。

　＜偏差値＞＝10×（＜個人の得点＞－＜クラスの平均点＞）/＜標準偏差＞＋50

クラスの平均値に等しい得点の生徒の偏差値は50ということになる。得点が＜平均点＞－＜標準偏差＞の場合は偏差値40、得点が＜平均点＞＋＜標準偏差＞の場合は偏差値60であり、得点分布が正規分布ならば偏差値40から60の間に入る生徒の数は生徒総数の68.3％である。

　偏差値はある生徒集団の中での一人一人のテストの成績の相対的位置を示すのに便利な数値であると考えられている。しかし問題は、その使われ方にある。

　学校を超えて広範囲かつ多数の生徒に対する統一的テストが行われ、その成績の偏差値で進学先が決まる情況が生ずれば、偏差値がどの範囲の生徒が進学するかによって進学先の学校を容易に序列化することが──その当否は別として──可能である。進学塾の大規模な模擬テストの偏差値によって受験する高校を選択する方式が中学校の間に大々的に普及した結果、高校は見事に

序列化された。そして共通1次に始まる統一テストの結果、大学もまた見事に序列化されたのである。

加えて、統一テスト、すなわちセンター試験の成績（自己採点の結果）に基づいて受験する大学を選ぶ方式は、個々の高校生の志望・適性を無視し、また大学の特色も無視して入学先が決まるという好ましからざる傾向を助長している。

受験生とその保護者、助言する立場の高校ならびに受験塾の教員は当然、安全を考えて冒険は避けるであろう。人間すべからく己の分を弁える事は大切であるが、冒険、チャレンジが許されないというのも夢のない話である。

一方それとは逆に、高い偏差値を得たというだけの理由で最難関と称される某大学医学部に挑戦を試みるという話を耳にするが、それが事実とすれば本末転倒である。やはり本人の志向・適性は重視されていない。

このような経緯での進学は結局いわゆる不本意入学者、不適応学生を作り出し、大学入学後の成績不振、脱落の原因となり、本人にとっても不幸であるとともに大学側もその指導に苦労することになる。偏差値信仰がこのように本人にとっても大学側にとっても不幸な事例を産むのである。かつて文部省（当時）が「個性に輝く大学たれ」と大学に呼びかけていた時期があったが、受験生とその周辺から見たとき偏差値に基づく階層が各大学の「個性」の中で最重要な、もしくは唯一のものとなっているのであれば、それは学生にとっても大学にとっても大きな不幸である。

大学側もセンター試験の成績によって階層化された受験生の何れの集団が我が大学に出願してくるかかという点に神経過敏となっている。偏差値の低い受験生ばかりが集まり、その中から合格者を選ぶことは、大学のランクを名実ともに下げることになるからである。それを恐れるあまり大学は偏差値の高い受験生を多く確保するためにあの手この手を考え、遂に一部の大学は受験生およびその背後の圧力集団に迎合するような試験方法を選択した。センター試験あるいは個別学力検査で課する教科科目の削減はその最たるもので、その結果、偏った知識しかもたない、あるいはレディネスに欠ける学生を抱え込むことになり、大学で補習授業を実施する破目に立ち至った。情けない話である。

当世風の競争原理の観点からすれば、偏差値の高い学生を集めて切磋琢磨させることのできる大学は優れた人材を世に供給し、高い評価を受けてますます繁栄発展し、その逆の大学は工夫努力しなければ評価されず衰微滅亡して当然ということになろう。しかし仮に受験生のセンター試験での偏差値の高低のみによって大学の盛衰が左右されるということになれば、それは古代ギリシャのオストラシズムの末期にも似て、如何なものかと思われる。これはわが国の社会において大学の評価方法が未成熟であることの一つの現れといえよう。大学の評価はより多面的な視点からなされるべきものであり、また大学を淘汰するために行うのでもない筈である。

　このように受験生も大学も、更にこれをとりまくわが国の社会全体が、言うなれば偏差値という妖怪に呪縛されているのである。あるいは社会全体が偏差値という一つの尺度に振り回され、間違った方向に雪崩を打って走り出している状態といってもよい。遺憾ながらこれはわが国の社会においてしばしば見られる現象である。

　以上この節で取り上げた諸現象は、多肢選択問題、マークシートというセンター試験の問題の形式やその本質に由来するというよりは、むしろその運用方法、社会の受け取り方の問題である。そういう観点からもセンター試験のあり方を検討すべき必要があるのではないだろうか。

3.　1点差の明暗

　幾つかの教科・科目の試験の総合成績は、総点で比較されることが多い。これは身長と体重と胸囲を足し合わせて比べるようなものであるが、それでも群を抜く大男と極端な小男を見分けることぐらいはできるであろう。同様に総点によって群を抜いて優れた者、極端にできない者を見極めることは可能である。問題はその両極端の中間である。言うまでもなく得点分布は中間で密度が高く、しかも入試の合否の分かれ目はそのような所にあるのが常である。ややもすれば総点（センター試験のそれは数百点である）の1点の差が明暗を分か

つ。

　それにもかかわらず、たとえば数学のテストの1点と語学のテストの1点が等価であるという保証はない。センター試験では教科・科目の選択の自由度を大幅に認めた結果、事態は一層複雑怪奇となった。科目の二者択一を認める結果、その2科目の間でテストの成績の平均値、標準偏差が極端に大きい場合は不公平とみなされ、補正が行なわれることは衆知の通りである。しかし異なる教科・科目における得点間の完全な等価性を担保することは不可能に等しい。

　大学側も特徴を打ち出すために各科目の得点に夫々ウェイトを掛ける等の工夫をするが、なかなか合理的な評価方式は見出し難い。

　結局、多くの場合に単純な総点が物を言うという結果になりがちである。そこで1点差で合否が分かれるとすれば、これは甚だ不合理と言わねばならない。

　問題はセンター試験の成績の利用方法、特にそれを単純に競争試験に用いることにある。たとえばこれを資格試験として用いるような思い切った改革を試みるならば、わが国の教育を改善するために大きな効果があると考えるのは著者ばかりではあるまい。

センター試験の将来像を考える
——大学の序列化と没個性化からの脱却——

室伏きみ子（お茶の水女子大学大学院人間文化創成科学研究科・教授）

1. はじめに

　1979年に共通1次試験制度が誕生して、約30年になろうとしている。この試験は、当時の大学受験の難問・奇問に苦労する子どもたちのために、入試の改革の一端として考えられたものであり、元々は、1970年に行われた全国高等学校長協会の「統一学力テストの実施」と「入試改善に関する常置機関の設置」についての要請から生まれたものであった。

　その後、1990年度からは大学入学者選抜大学入試センター試験と名称変更して、今に至っているが、この間、多くの批判に曝されながら、種々の小さな変更を繰り返して来た。こうして、現在まで続いているこの統一試験が日本の教育において果たしてきた役割は、良きにせよ悪しきにせよ、極めて大きいものである。本稿では、約30年間、大学において学生たちの教育に関わってきた立場から、この統一試験の功罪を振り返ってみたい。本特集では、多くの教育関係者が、それぞれの視点からこの試験がもたらした問題について述べられるであろうから、筆者は特に、この試験によってもたらされた大学の序列化と没個性化について考えてみたいと思う。

2. センター試験の果たしてきた役割と課題

　センター試験の問題の内容や難易度に関しては、過去、種々の批判がなされてきた。最近でも、過去の試験問題に類似問題があるとか、英語の問題で科学的に間違った内容を取り上げているといった批判が後を絶たない。しかし、センター試験の問題は、全国から優れた教育経験を持つ大学教員を集め、協議を重ねた上で作成されるものであり、常に外部の目に曝されていることもあって、内容や難易度に構造的な問題を抱えつつも、子ども達が高等学校卒業時に満たすべき学力を測るものさしとしては、概ね良問ではないだろうか。

　それよりも、子どもたちの真の学力の涵養を阻害しているとの批判を招いている主な原因は、この試験の方式や体制にある。例えば、多くの受験生の採点を行う上では、マークシート方式を採らざるを得ないのかも知れないが、これで、本来の実力を測ることが出来るのだろうか。特に、この方式では、本来育てるべき「考える力」をみることができるとは思えない。さらに、現在の試験体制では、参加している大学教員の多くにとって、その負担はかなり重く、その負担の上に立ってもなお、この試験のために費やす費用は莫大である。それに見合うだけの効果を挙げているのか、種々の課題に対して適当な対策が立てられているのか、などの疑問が残る。こういった状況で、いつまでこの体制を維持できるだろうか。

　ところで、入試センターのホームページでは、センター入試の役割について述べられているが、その中で、以下のような記述がある。

- 各大学が実施する試験との適切な組み合わせによる大学入試の個性化・多様化：大学入試センター試験を利用することで、大学が独自に行う試験として、小論文、面接等を実施する大学や、推薦入学、帰国子女・社会人を対象として特別選抜を実施する大学が増えつつあります。このように、大学入試センター試験は大学入試の個性化、多様化に貢献しています。

- 利用教科・科目を各大学が自由に指定できるアラカルト方式による大学の序列化

の回避：大学入試センター試験では、利用教科・科目を各大学が自由に指定できるアラカルト方式により、いわゆる輪切り、序列化を助長しないようにしており、大学入試センター試験の多様な利活用が進んできています。

なぜ、このような記述が必要だったのだろうか。これは裏返してみると、共通1次・センター試験が、大学入試の個性化、多様化を阻害して来た歴史があり、また、大学の序列化を助長してきた歴史があるからにほかならない。共通1次・センター試験の功罪について多くの意見がある中で、大学がその理念や教育方針に関係なく、入りやすさという尺度で序列化されてきたことの弊害の大きさは、決して見逃せるものではなく、大学人としても、反省と改善を迫られているのが現状である。

　無論、この試験を利用する大学側に、この試験の本来の理念を重視して、統一試験を大切に育て、社会に根付かせようとの姿勢が欠けていたことは明らかであるし、高等学校やそれを取り巻く社会にも、この試験の本来の目的を歪めた形で利用してきたという歴史があったことは明白で、この制度だけに責任を転嫁するつもりはない。わが国の「大学受験」とその周囲の「受験産業」、そして子どもの教育に責任を持つべき「学校」が、この統一試験が元来目指していた「理想」を忘れて（というより最初から目を向けていなかったのかもしれないが）、大学への入り易さを測るための物指しとして安易に利用してしまったことが、子どもたちや日本の社会にとっての不幸を招いたと言えるのではないだろうか。

　受験産業が偏差値を駆使して大学を序列化し、受験生に提示して進学指導を行ったこと、高等学校でも、それを利用した進学指導を行ってきたことは、入試に合格する確率を上げることには役立ったであろう。それが子どもたちを不幸にしない正しい進学指導だと、胸を張る学校関係者も少なくなかったかも知れない。しかし、進学指導というものは、子どもたちに、それぞれの大学が目指す人材育成の方針を示し、種々のキャリアパスを提示して、子どもたち自身が何をしたいのか、将来にどんな夢を描いているのか、そのためにはどの大学で、何を学ぶことが望ましいのか、などを共に考え、子どもたちの夢の実現に

手を貸すことなのではないだろうか。そういったこととは無関係に、現在の自分の成績で何処に入れるのか、どんな科目を履修することが入試に有利なのかといったことから、進学先や学ぶ科目を決めてきたのが現状であろう。子どもたちが受験に失敗しないように受験技術を教えるのは、大人の親切心のつもりなのかもしれないが、そのような状況が30年近くも続いたことで、日本の子どもたちの教育に、大きな空洞ができてしまった。

偏差値とは、あくまでもひとつの物指しに過ぎず、個人の全体としての能力を測るものではない。それは、教育関係者であれば誰もが分かっているはずなのに、センター試験による進学先の決定は、偏差値の偏重を著しく促進する結果になっている。偏差値偏重の結果として大学に入学してきた学生たちは、本来、個々人が持つ多様な能力を生かす術を知らずに来たこともあって、大学でも予備校のような手取り足取りの教育がなされると期待している者も多い。大学で何をなすべきかが分からずに、学生生活に失望し、途中で挫折する者も少なくない。考える能力の涵養を阻むような指導が教育現場でなされてきてしまった不幸は、次代を担う人材育成に影を落としている。

3. 個性ある大学とは

最近、国立大学の法人化を契機に、大学の個性化が声高く叫ばれるようになった。しかし本来、大学は、それぞれの理念を持ち、個性的なものであったはずである。それを忘れさせるような後ろ向きのベクトルが、共通1次・センター試験の副次的な産物として、長い期間にわたって働いてきた事が、大学の没個性化を招いてきてしまったとは言えないだろうか。元々持っていた個性と独自性が、偏差値の物指しの後ろに埋没してしまって、時間を経るうちに、それらが忘れられてきてしまったというのが現実ではないだろうか。

これら、共通1次・センター試験のもたらす負の効果について、大学側が気づいていながら、それに本腰を入れて対策を採ってこなかったことにも、大きな責任がある。危惧を唱え、本来の大学の姿を取り戻すために、努力してきた

方々も少なくないだろうが、それらを大学全体としての動きになし得なかったことは、大学人の怠慢といわれても仕方のないことであろう。

　今、大学では、「個性的であるべし」との掛け声の下で、いろいろな「改革（？）」が進められている。しかし、追い立てられるような改革を進めることによって、個々の大学が、また新たな没個性化の波に押し流されることが心配である。新しいことを始めればそれで良いわけではなく、その大学が持っている歴史や人的・物的資産を生かして、その歴史の中で育まれてきた独自性を、今に生きる形に磨きあげることが、現在求められている真の個性ある大学の姿であろう。

4. 大学入試センターのあるべき姿

　子どもたちの負担を減らす目的で、センター試験では、難しい問題を作る事が避けられてきた傾向がある。しかし本来、人は、難しい課題をこなすことで力を伸ばし、そこに喜びや楽しみを見出すものである。学習する上で、易から難へと進めることは当たり前であるし、子どもたちの学力を知るためには、難易度の異なる問題を課して、その達成度を測るのが本来の姿であろう。残念ながらセンター試験は、子どもたちの学力を正しく測るものとはなっていない。各大学がよほどの努力をして2次試験に備えなければ、本来、それぞれの大学が欲している学生を合格させることはできず、それならば、何もセンター試験を課する必要はないという意見も多い。わが国の受験制度の問題点を洗い出し、その改善を狙ったはずの共通1次・センター試験が、高校教育と大学教育に、いやそれ以前の教育にも、大きな歪みを生じさせているのが現状である。

　その上、進学率90％を超えている高校教育においては、現在の教育課程で目指している教育の多様化と弾力化が、子どもたちの学習歴の多様化を招き、偏った学力と広い学力分布をもたらす結果となっている。

　こうして考えると、センター試験に将来的な価値を付加するためには、高等学校を卒業するために必要な最低限の学力を測るものと定義し、知識水準を図

るための卒業認定試験としたらよいのではないか。認定試験を通ったものに対して、各大学がそれぞれの方針に基づいて、「考える力」を試す個別試験をする事が現実的ではないだろうか。子どもたちに二重の試験を課することになるとの批判が出てくるであろうが、この試験が30年にわたって試行錯誤を繰り返してきたことを考えれば、アメリカ合衆国の「SAT (Scholarship Attitude Test)」やフランスの「バカロレア」と並ぶような制度に仕上げる事も不可能ではないだろう。これらはいずれも、長い歴史を持った統一試験であり、高い信頼を得ている制度である。バカロレアは大学入学資格を得るための統一国家試験であり、一般、専門、工業の3種類のものがあって、それぞれが分野別に分かれている（例：一般バカロレアは、理系、文系、経済・社会系の3分野）。内容は、かなり高度で、日本のセンター試験とは格差がありそうである。SATは、元々、州ごとに異なる成績評価システムの課題を解決するために作られた標準テストで、知能テストを兼ねた論理志向テスト (SAT Reasoning Test) と、5分野20科目からなる科目別テスト (SAT Subject Test) から成っている。日本の共通1次・センター試験は、このSATが手本になっているそうである。SATは既に100年以上の歴史を持ち、その間何回にもわたる大幅な改革が行われて、能力評価の方法が確立されてきていると言われており、この試験に対する信頼度はかなり高い。また、これが1年に7回も実施されることは、大学入試を目指す人々にとって、挽回のチャンスを複数回与えることになり、年に1回しか行われないセンター試験とは、大きく異なるものである。

　いずれにせよ、現状のセンター入試による画一的な評価では、多様な能力を持つ人材を拾い上げることは困難であり、また難易度に勾配のない試験では、子どもたちの能力を正しく測ることは不可能である。浅く広い知識を要求する試験でなく、深く考える能力を測る試験が行なわれる事が必要であるが、それをセンター入試に期待することは難しいのだろうか。センター試験の将来について、多くの智恵を集めて、考え直すときが来ている。

教育接続としてのセンター試験

数学のセンター試験について

森田康夫（東北大学大学院理学研究科・教授）

1. センター試験の歴史

1979年、加熱する入学試験を緩和する目的で共通1次試験が設けられ、「難問・奇問を排除し、高等学校で普通に勉強していれば解ける問題を出題する」ことを理念とした。これにより、規模の小さな大学でも必要な科目の試験を課すことが可能となった。他方、共通1次試験は各大学で二次試験を行うことを前提とし、二次試験に十分な時間をかけるため、合格可能性の低い受験生を排除（いわゆる足切り）する目的で使われ、自分の受けたい大学の二次試験を受けられない不完全燃焼感を感じる人が多数生じた。

1990年、共通1次試験は大学入試センター試験（以下、センター試験と呼ぶ）に衣替えし、各大学が行う試験と大学入試センターが行う試験の組み合わせを選ぶことにより、多様な入学試験を行える様になった。しかし、国立大学では出題科目数を減らすことは行われなかったため、楽に大学に入り、学生生活を享受することを望む受験生が都市部の私立大学を選び、地方の国立大学は偏差値の低下と受験生の確保に苦しむことになった。

1994年には高等学校の教育課程が変更され、これを受け、新課程で学習した人が受験する1997年度のセンター試験から、同じ教科で単位数の異なるものが並置され、センター試験は非常に複雑になった。数学の教育課程でも数学A、数学B、数学Cなどに選択単元が設けられた。そのため、センター試験でも、数学Iだけの試験と、数学Iと数学Aを合わせた範囲か

ら出題する試験（以下、数学Ⅰ・数学Ａの試験と呼ぶ）が並置され、同様に、数学Ⅱの試験と、数学Ⅱと数学Ｂを合わせた範囲から出題する試験（以下、数学Ⅱ・数学Ｂの試験と呼ぶ）が並置された。しかし、大半の国立大学では広い範囲から出題される試験を受験することを求め、受験者の大半は数学Ⅰ・数学Ａの試験と数学Ⅱ・数学Ｂの試験を受験している。二種類の試験が並立し、大半の受験生が内容が多い試験を受験するということは、2006年度から始まった新しい教育課程下のセンター試験でも続いている。

　1998年頃からは、景気の悪さの影響が大学受験にも及び、授業料の安さと就職時の有利さを求め、受験生が国立大学に戻りつつある。そのため、少子化による受験生の減少もあり、多くの私立大学は受験生の確保のため様々な形の入学試験を行うようになり、自分の得意な科目のみの受験で入学できる「アラカルト入試」を行う私立大学も珍しくはなくなった。他方、国立大学では学力低下への対策として、センター試験において受験生に数学・国語・英語・理科・地歴・公民の6教科のうち（地歴・公民を一つと見て）「五教科七科目」を受験することを求めるなど、若者の学力低下を憂慮し、入学して来る生徒の学力を上げることをねらった動きも始まっている。

2. 入学試験の目的

　近代の大学は、中等教育を修了した人を受け入れ教育を行い、社会が必要とする高度な能力を持った人材を育てることを業務としており、そのために国から金銭的補助を得ている。そこで入学試験は、中等教育を終えた人の中から、各大学が育成したい人材となる可能性が高い人を選び出すために行われている。高度成長期には、「良い大学に入ることが、良い職業に就くことにつながるのだから、入学試験は社会のエリートを選ぶ役割を持っている」との見方が強く、「将来のエリートを公平に選ぶ」と言う視点と、「中等教育における良質な教材を提供する」と言う視点から入学試験が議論されてきた。

　大学が国民の税金からなる国の補助金を使って運営されていることを考え

ると、大学は、教育を受ける権利を公正な基準にしたがって与えなければならないことは、自明である。しかし、現在人気の高い医者を例に挙げると、医者は病気になった人を助けるのが使命であり、そのためには「困った人を助けたい」との意識の方が、初等中等教育でがんばった結果としての学力より大切である。日本社会は、バブル崩壊からの回復過程で、学歴社会から実力社会に変わりつつあり、良い大学に入ることが社会のエリートとなることに直結しないことも考えると、「各大学は、学習努力の褒賞として入学を許可するのではなく、養成すべき人材としての適格性を重視して入学者を選ぶべきである」と私は考えている。

現在の日本の大学では、数学の入学試験を行っているところが多いが、その理由は多様である。理工系の学部に代表される様に、大学教育において数学の知識が不可欠であるから、入学試験でも数学の試験を重視している所が主流であるが、これと対照的に、法学部では論理力や発想力を育む教科として、数学の入学試験を課している。また、数学は得点に差が出やすい科目だから、初等中等教育でどれだけ努力をしたかを判断する指標として、入学試験に数学を課している所もある。

3. 資格試験から選抜試験へ

センター試験は多数の受験生の答案を短時間で採点するために「マークシート方式」を採用したが、そのため、答えを見ることはできるが、答えを得るまでの過程を見ることができないという基本的な問題を内包している。しかし、考え方が正しくても答えが間違うと零点となることは今でも変わらないが、共通1次試験が始まって以来約二十年の間に、問題作りを担当した人達の様々な努力により、マークシート方式が持つ欠点のうちある程度の部分は補われるようになった。

他方、共通1次試験は各大学の個別試験を受ける前提として基礎的な科目を履修していることを確かめる試験であり、資格試験的な色彩が強かったが、セ

ンター試験は単独で選抜力を持たせることを考えるようになった。それにもかかわらず、センター試験は共通1次試験の方針を引き継ぎ、やさしい問題のみを出題することを方針としている。さらに、数学のセンター試験では、各単元に単位数比例の得点を配分し、ある分野が苦手な人が、苦手な分野がどれであるかにより、不利を被らないように努力しているように見える。

　私は、以上のような方針は欲張りすぎであり、「普通の能力を持った人なら解けるやさしい問題のみを出題する」ということと、「その試験で、限られた数の入学者を選ぶ」ということが矛盾していると思っている。受験者をその能力により振り分けるためには、やさしい問題からやや難しめまでの問題を出題し、そのうちどのレベルの問題まで解けたかを見るのが本来の姿である。

　さて、センター試験に選抜力を持たせるための具体策として、大学入試センターは主要科目の平均点を六十点程度にすることを方針としており、前年度の平均点が低いと平均点を上げるよう、逆に、前年度の平均点が高いと平均点を下げるよう大学入試センターは問題作成者（以下、作題者と呼ぶ）に求めている。このことは、国語、英語、地歴、公民などでは余り問題を生じているようには見えないが、理系の科目、特に数学では深刻な弊害を生じている。以下ではこの問題について解説したい。

　初等・中等教育における算数・数学は、問題が理解できる人にとっては満点を取りやすい科目であり、零点近くにも、満点近くにも多くの人が分布するという特徴を持つ。このことは算数・数学という教科が持つ特徴であり、零点を取る可能性も低いが、満点を取ることが至難な国語などとは全く異なっている。そのため、国立大学を目指す優秀な生徒が受験するセンター試験では、数学の平均点は簡単に八十点以上になり得る。実際、旧帝国大学レベルの大学では、現在の数学のセンター試験は、入学者の選抜にほとんど役立っていない（図1参照）。

　ところが、センター試験は主要科目の平均点を六十点程度にすることを目標にしているため、数学のセンター試験の平均点が高いと、大学入試センターの責任者は作題者に「平均点を下げ、六十点程度にする」ことを求めることになる。そうすると、問題を難しくすることは禁じられているため、出題者は問題

44　教育接続としてのセンター試験

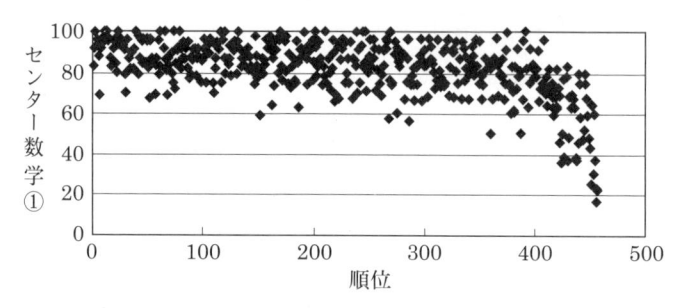

図1　理学部前期数学①と順位

注：以下では、平成18年度東北大学入試に関するデータを使ったが、他の年度でもほぼ同様の結果となっている（[1]、[2] 参照）。
　大学が指定した各科目の重み付きで各受験者の総点を計算し、それによりソートしてできる順番を順位という。
　センター試験の数学①はやさしすぎ、二次受験者457人中の順位下位層約100名を除き順位との相関がほとんどなく、合格者選抜にほとんど役立っていないことが分かる。

量や計算量を増やすことにより、平均点を下げざるを得なくなる。この繰り返しにより、数学のセンター試験はボリュームたっぷりになり、一部の優秀な高校の教師や塾の教師を除き、普通の高校の数学教師や大学の数学者には、時間内に問題が解けなくなっている。このようなセンター試験に対応するため、受験生は問題を深く考えずに、ルーチンにしたがって、てきぱきと処理することが必要となり、結果として「考えない大学生」を生む原因となっている。私は、将来、日本人の多くが深く考えなくなることを危惧している。

4.　数学の入学試験はどうあるべきか

　前にも書いたように、入学を希望する受験生のうち大学教育に最も適した人を選ぶため、大学は入学試験を行っており、数学の力を必要とする学部で数学の問題が出題されている。そこで私は、数学の二次試験にあてられた配点の範囲内で最も数学の成績が合否に関係するようにすることが、数学の教員が大学から依頼されている仕事であると考えている。ところが、問題が極端に難しく

なると、ほとんどの人が零点に近い点となり、数学の試験を行う意味がほとんどなくなってしまう。同様にして、問題が極端にやさしくなっても、ほとんどの人が満点に近い点を取り、数学の入学試験を行う意味がなくなってしまう。そのため、私や同僚は「合格者の平均点が60点から70点になる」ことを一つの目標にして問題を作っている。

　一般に、大学の数学教員は入学試験の数学についても良く知っていると思われがちだが、高等学校の数学の指導要領を正確に知っている人はごく一部であり、受験生の数学の実力についても、良く知っている人は少ない。このため、問題を作ることは数学の教員なら誰でもできるが、できた問題はやさしすぎたり難しすぎたりして、なかなか難易度が安定しない。とくに、若い数学者の場合には、受験生の実力を無視して自分が面白いと思う問題を出題し、結果的に、ほとんどの人が解けない問題を出題しがちである。そこで、問題を作った人ではない人が、できた問題を解き、問題に誤りがないだけではなく、問題が読みやすく、問題の難易度が適当であるかを調べることが必要であるが、東北大学でそのような作業が始まったのは最近である。

　さて、問題の難易度を調べるためには、問題を解いて調べることも重要であるが、入学試験が終わった後に統計処理し、受験生にとって適当であったかどうかを調べることも重要である。そこで私は数年前から、毎年受験データを統計処理することで、問題の難易度が適当であるかどうかを調べており、問題が難しすぎたりやさしすぎたりしたことが分かったときは、同僚にそのことを伝え、数学の二次試験の問題を適当な難易度とする努力をしている。

5. 数学のセンター試験の課題

　入学試験においては、様々な科目の試験が行われる。とくに、国立大学ではセンター試験と各大学の個別入試（二次試験）の双方が行われる。この場合、センター試験と二次試験では行われる同じ教科・科目の得点は、マークシート式と記述式の違いなどがあり多少のばらつきが生じるが、かなり良い相関性が

あるのが普通である。実際、東北大学の入学試験においては、国語や外国語はかなり良い相関性を持っており、双方の得点を座標軸にとって受験者の得点を書いた散布図を作ると、楕円に近い分布となる（図2と図3参照）。

さて、センター試験の数学の試験では、数学Ⅰの試験と数学Ⅰ・数学Aの試験のどちらかを選択するグループ①の試験と、数学Ⅱの試験と数学Ⅱ・数学Bの試験などのどれかを選択するグループ②の試験の二つが行われているが、東北大学の理学部では、グループ①では数学Ⅰ・数学Aの試験を、グループ②では、工業高校など以外の受験生には、数学Ⅱ・数学Bの試験を受験することを義務付けている。そこで、平成十八年度の東北大学理学部前期の入学試験を受

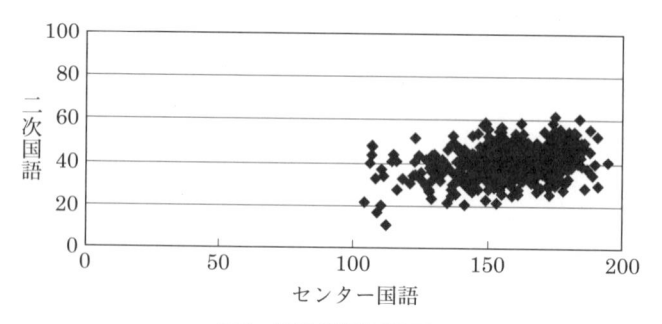

図2　経済学部前期国語

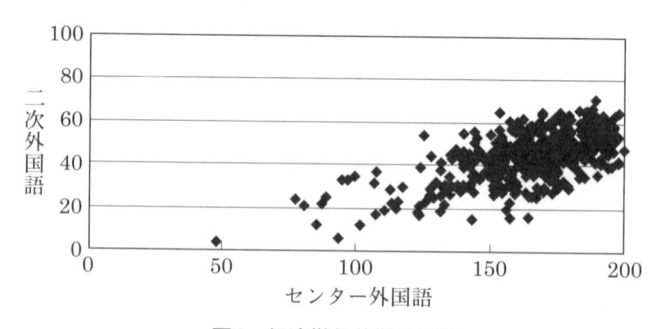

図3　経済学部前期外国語

注：これらの図からは、センター試験の国語（外国語）の点で二次試験の国語（外国語）の点を置き換えても、それほどの大差が生じないことが分かる。これに対し、図4や図5からは、センター試験の数学の点で二次試験の数学の点を置き換えると、大量に合否の入れ替わりが生じることが予見される。

けた人について、センター試験の数学のグループ①の試験と二次試験の成績の相関図を作ると図4となり、前の二つとは明らかに性格の異なるものとなる。例えば、センター試験で満点である人に限っても二次試験の得点は全体の250点付近から100点付近までほとんど均等に分布しており、これは異常としか言いようがない。この様な傾向は、数学②と二次数学でも同様であり（図5参照）、同様のことが、強弱はあってもここ数年続いている。

以上の分析結果を見ていると、センター試験の数学のグループ①の試験（数学Ⅰ・数学Aの試験）と二次試験の数学は同じ能力を見ているとは考えられな

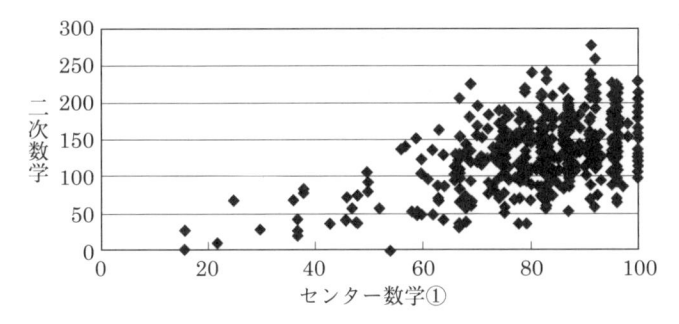

図4　理学部前期数学

注：例えば、センター試験の数学①の得点のみを使って合格者を決めると、たまたまこの試験は良い点を取れたが（理科や英語が苦手で重み付き総得点が少ない）順位の低い人が合格となることが多数生じ、逆に、この試験は失敗したが（全体として優秀な）順位の高い人が不合格となることも多数生じる。

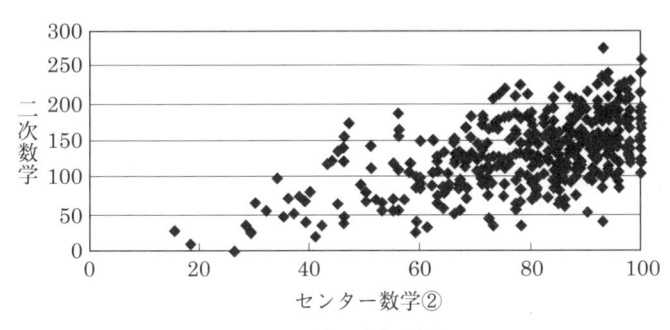

図5　理学部前期数学

い。私は、センター試験のグループ①の試験では、「じっくり考えて真実を発見する」という数学の能力を見ているのではなく、むしろ「色々な公式や問題の解き方をたくさん覚えて、それらを使って、限られた時間の中で多くの問題を正確に解く」という能力を見ているのだと考えている。このことは、私を含めた大学の数学者のほとんどが、センター試験の数学の問題を時間内に解くことができないという現実とも一致している。

　色々な公式や問題の解き方をたくさん覚えて、それらを使って限られた時間の中で正確に多くの問題を解くということは、飛びぬけて優秀な人ではなく、何でも平均的に効率よくこなせる労働力が求められた高度成長期には強く求められた能力ではあるが、先進国となり、独自の科学技術や文化の創造を求められえている現在社会では、必要度が低いものである。教育面から考えても、短い時間の中で多くの問題を解く訓練をすれば、じっくり考えることを好む人は不適応を起こし排除され、それほどではない普通の人でも、考えない習慣が身についてくる。このことが、現在のセンター試験の数学に関する主要な問題点である。実際、大学で教えていると、「生徒が深く考えないようになって来た」と感じている。

　センター試験の数学では、問題量を減らし、じっくり考えられる時間を確保することが緊急の課題である。また、数学的な能力を見るためには、深みのある問題を出題することが必要で、そのためには、問題の難易度を近年の数学Ⅱ・数学Bの試験程度まで許すことが良いのではないだろうか。東北大学の二次試験では、意識してやさしい問題と難しい問題を混在させているが、センター試験でも同様なことを行い、数学が良くできる受験生とそうでない受験生の得点に差をつけるようにすることを提案したい。また、現在重視していると思われる「範囲内のすべての単元に単位数に比例した得点を配点する」ということは、あまり意味の無いことである反面、配点を細分化し、深みの無い問題を多数出題する原因となっており、早急に止めて頂きたい。

6. 大学入試センターに望むこと

　私立大学が行っているアラカルト入試では、少数のセンター試験の科目が使われることが多いが、平成十八年度センター試験の数学グループ①の試験のような試験を含む少数の試験のみを使うと、大学が希望する学生ではなく、まったく別の種類の学生を選ぶ可能性がある（図1参照）。極端に試験科目の数を減らすことを止め、個々の科目の試験が持つ統計的ばらつきの影響を減らす必要がある（図6参照）。

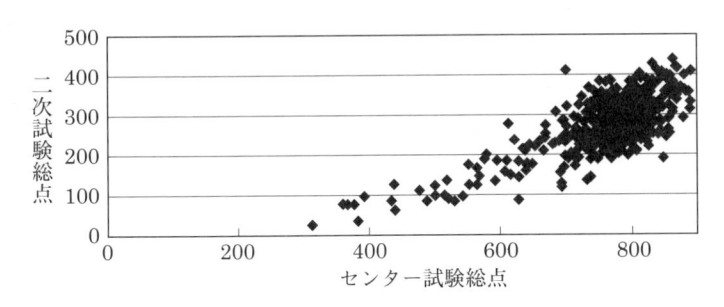

図6　センター素点と二次総点

注：この図は、センター試験の総点の素点（国語、地理歴史、公民を含む）と二次試験の総点（数学、理科2科目、外国語）の相関性を示す。試験科目の違いや、マークシート方式と記述式の違いにもかかわらず、非常によい相関性を示すことが一目で分かる。

　しかし、前にも書いたように、各大学の入学試験の担当者は必ずしも入学試験やセンター試験について精通しているわけではない。上記のような少ない科目数での入学者選抜が危険であることは専門家にとって常識ではあるが、大学入試センターは各大学での利用方法の一例として「利用する教科・科目に幅を持たせ、受験者が得意なものを選択させて利用」を挙げ、危険性を注意しないで推奨している。独立行政法人として利用者の増加を求められるつらい立場にあることは分かるが、各使用法に伴う長所と短所を指摘した上でセンター試験を売ることが、最低限のモラルとして必要である。「利用によって得られた成

果」についても、余りにも一面的過ぎ、良い面の他に問題点や注意すべき点についても明らかにすべきであろう。

共通1次試験導入以前の状態に比べ、センター試験ではおかしな問題が出題される可能性が減っており、その意味で大学入試センターは入学試験の改善に一定の役割を果たした。他方、現在の私学の入学試験は、大学教育に適した人を選抜するという意味では、まっとうに機能していないものが多い。私立大学の入学試験で、現在最も問題が大きいのは推薦入試やAO入試であるが、少数のセンター試験を使うアラカルト入試にもかなりな問題がある。大学入試センターも、受験者拡大を重視しアラカルト入試を推奨した点で、教育の混乱に対する責任を免れ得ない。

独立行政法人大学入試センターは、日本における入学試験に関する唯一の公的な組織である。その意味で、大学入試センターが果たすべき役割は大きい。入学試験問題を集めて、それを分類したデータベースを構築することは、その一つである。また、入学試験に関するミスのデータを集め、それを分類し、危険度を評価し、対策を含めたデータベースを作り、入学試験に関するリスク管理を行うことも、大学入試センター以外では行うことができない仕事と私は考えている。

大学入試センターの活動がより一層の入学試験の改善をもたらし、それにより、大学教育の質が改善することを望みたい。

参考文献

[1] センター試験と二次試験の「数学」の得点の相関について、大学入試研究ジャーナル、13 (2003)、95-97.
[2] こんな入試になぜできない、上野健爾、岡部恒冶編、2005、日本評論社、vii+294ページ.

大学入学資格とセンター試験

上野健爾（京都大学大学院理学研究科・教授）

1. はじめに

　今日、多くの大学で新入生が自分で考えることができず、受け身で授業を受けていることがよく話題になる。テストの点数が学力と誤解されている日本では、この大学生の姿勢の変化に気づかない大学人も多い。特に、テストの点数を問題にしがちな教育関係者にはこの変化を理解できない人が多い。テストの点数だけが学力ではないと主張した教育関係者が学力低下論争ではテストの成績のみを問題にして学力は落ちていないと主張したことなどはその典型である。また、高校の先生方に日本の高校生ではテストの成績がよいことと概念を理解していることとは一致しないと力説してもなかなか納得してもらえない。

　日本の高校生の多くが内容を理解していなくてもテストでしかるべき点数をとることのできる技術を身につけている。それは、大学入試では出題範囲が決められ、過去に膨大な量の入試問題の蓄積があることによる。問題のパターンによって問題の解き方がほとんど分かってしまうために、パターンを暗記すれば対応できるからである。大学入試では、受験生の解答もほとんどが同じパターンになってしまっており、またパターンから外れた問題はほとんどの受験生が手をつけないことからもそのことは推測できる。本来、試験問題では様々な異なったパターンの解答が出てくることの方が自然であり、事実20年以上前の大学入試では多種多様な解答がでて、入試の採点は大変ではあったが、一方ではどのような面白い解答があるかと楽しみな面もあった。しかし現在では

ほとんどが同じパターンの解答であり、それは受験生の間に考え方の広がりがないことをも意味し、深刻な事態であるが、ことの深刻さに気づく教育学関係者は少ない。それは、○○教育学という決められた世界でしか物を見ることのできない学問への姿勢にも関係している。

ではいったい何がこの様な事態をもたらしたのだろうか。多くの大学関係者は、共通1次試験が始まり、センター試験へと移行して行くにつれて、こうした事態がひどくなってきたという実感を有している。本稿ではこの観点からセンター試験の持つ問題点を探り、あわせて解決策を提言する。以下、数学に限って議論する。

なお、センター試験に、大学入学資格としての国家試験の役割を持たせようという考え方が時折話題になるが、筆者はそのような考え方に反対であり、この小論でも考察の対象とはしない。

2. センター試験のディレンマ

センター試験は膨大な数の答案を短期間に公正に採点するために必然的な制限が課せられている。コンピュータで採点するために答案はマークシート方式であることが要求される。その結果として、記述式の解答は許されず、正解をいくつかの答の中から選ぶか、穴埋め問題しか出題できない。また、穴埋めはマークシート方式の制限から一桁の数字か一文字に限られる。こうした制限の中で出題が行われてきたが、数学に関する限り、出題者の並々ならぬ努力によってきわめてレベルの高い問題になっている。しかしながら、マークシート方式という大前提があるために、数学に関しては致命的な問題点が生じる。

(1) 問題に対する解法が最初から決められてしまい、受験者の自由な発想そのものを見ることができない。

　数学のセンター試験が他の教科のセンター試験と一番異なる点は、他教科が解答を複数の選択肢から選ばせることが多いのに比べて、自ら計算して結果を記さなければならない点である。しかしながら、計算結果はマークシート方式で表示しなければならない関係上、穴埋めには一桁の数字か一文字しか使うことはできない。したがって、何桁の数字になるのか分からない場合と違って結果にある程度の推測が可能である場合がある。そのような推測ができる力も必要であるから、このことをもってセンター試験の欠陥ということはできないかもしれない。しかしながら、一番の問題点は、穴埋めのためには、皆が同じ計算を行う必要があり、そのために、問題の解答方針があらかじめ決められてしまうことである。

　例えば 2006 年度の数学 II、B の最初の問題を例にとって考えてみよう。

　第 1 問
　（1）$0 \leq \theta < 180°$ の範囲で関数 $f(\theta) = 3\cos 2\theta + 4\sin \theta$ を考える。
　$\sin \theta = t$ とおけば
$$\cos 2\theta = \boxed{ア} - \boxed{イ} t^{\boxed{ウ}}$$
　であるから、$y = f(\theta)$ とおくと
$$y = -\boxed{エ} t^{\boxed{ウ}} + \boxed{オ} t + \boxed{カ}$$
　である。したがって、y の最大値は $\dfrac{\boxed{キク}}{3}$ であり、最小値は $\boxed{ケ}$ である。

　また、a が $0° < a < 90°$ を満たす角度で $f(a) = 3$ のとき
$$\sin(a + 30°) = \dfrac{\boxed{コ}\sqrt{\boxed{サ}} + \sqrt{\boxed{シ}}}{\boxed{ス}}$$

　マークシート方式をやめて単なる穴埋め問題すれば次のような出題が考えられる。

　問題 A
　1）$0 \leq \theta < 180°$ の範囲で関数 $f(\theta) = 3\cos 2\theta + 4\sin \theta$ を考える。$\sin \theta = t$ とおけば
$$\cos 2\theta = \boxed{あ}$$

であるから、$y=f(\theta)$ とおくと
$$y=\boxed{い}$$
である。したがって、y の最大値は$\boxed{う}$であり、最小値は$\boxed{え}$である。

また、a が $0°<a<90°$ を満たす角度で $f(a)=3$ のとき
$$\sin(a+30°)=\boxed{お}$$

このような穴埋めにすれば$\boxed{お}$では解答としてセンター試験が求めている解答 $(2\sqrt{3}+\sqrt{5})/6$ 以外にも $\sqrt{3}/3+\sqrt{5}/6$ や $1/\sqrt{3}+\sqrt{5}/6$ など異なる書き方が出てくる。センター試験が解答にまで細かく注文をつけていることが分かるであろう。答えの書き方の多様性を知っておくことも実は大切なことであるが、センター試験の準備ばかりしていると、一見些細なようで重要な視点が欠落してしまうことが分かるであろう。

さらに穴埋めをやめれば次のような問題として出題できるであろう。

問題 B
$0\leq\theta<180°$ の範囲で関数 $f(\theta)=3\cos2\theta+4\sin\theta$ の最大値と最小値を求めよ。また a が $0°<a<90°$ を満たす角度で $f(a)=3$ のときに $\sin(a+30°)$ を求めよ。

問題 A でも問題としてかなり改善されているが、問題 B の形で出題されれば、受験生は様々な解き方を考えるであろう。数Ⅲを学んだ受験生であれば最大値・最小値が問われていることから微分をすぐに考えるであろう。
$$f'(\theta)=-6\sin2\theta+4\cos\theta$$
$$=4\cos\theta(1-3\sin\theta)$$
これより極大値・極小値をとるのは $\cos\theta=0$ のときまたは $\sin\theta=1/3$ のときである(正確には $\theta=0°$、$\theta=180°$ を考察する必要がある)。これらのときに $f(\theta)$ の値を求め、実際に最大・最小になることを示さなければならない。ところが、角度が"度"であたえられているので(これは弧度法が数Ⅲでしか出てこないためでもあるが)、実は上の微分は正しくない。上の微分は角度の単位がラジアンであれば正しいので、正確には単位をラジアンで考え直していることを解答には明記すべきである。(実際にはそこまで注意した答案はすくないであろう。また、最大値・最小値をとる θ の値は問題にしていないので、

そのことに不注意であっても正しい答えに到達することはできる。）$\cos\theta=0$ となるのは $\theta=90°$ のときであるので $f(90°)=-3+4=1$ であり、$\sin\theta_0=1/3$ であれば $\cos2\theta_0=1-2\sin^2\theta_0=7/9$ であるので $f(\theta_0)=11/3$ となる。さらに $f(0°)=3$、$f(180°)=3$ であり、この問題の場合、極値が最小値、最大値であることが分かる。問題の後半部分は $f(a)=3$ をたとえば $\sin a$ の2次方程式と見たとき、角度の範囲に注意して対応する $\cos a$ の値も求めて三角関数の加法公式を適用すればよい。問題の前半部と後半部とは、特に記述式の問題の場合は、独立した異なる問題として出題することもできる。

上のセンター試験の問題は数学Ⅱ、Bの問題であるので、穴埋め問題にする以上は解き方も数学Ⅱ、Bの範囲に限定しなければならない。したがって、解答の仕方も限定した問題になってしまう。何でもないことのように思われるが、解答の方針を限定してしまうために、本来の数学で重要視される発想の自由が保障されなくなる。上で示したように微分を使う解答では受験生が三角関数の微分の意味を分かっているか（なぜ微分ではラジアンを単位としてとらなければならないのかの理由も含めて）、また極大値・極小値と最大値・最小値との違いが分かっているかを、多くの場合答案の解答状態からある程度推測することができる。もちろん、センター試験の問題のように $t=\sin\theta$ と置いて関数を書き直せば2次関数となるので、解答は簡単になる。そのことを見抜いた上でセンター試験のような解答をすればよいのであるが、問題をみて、どのように解くかを考える一番重要なプロセスがセンター試験からは抜け落ちてしまう。このことが、自分で考え工夫する力を損なうことになってしまい、こうした積み重ねが結果として大学で新入生が学習に対して受け身的になってしまうことと関係していると思われる。自分で試行錯誤して考えた経験がなければ、自ら学ぶことは難しくなる。

さらに大切なことは、例えば上の問題Bに関して、上で述べたどちらの解法が解答として優れているかを問うことが重要ではなく、どちらの方法でも解くことができる力をつけておくことが重要であるということである。一つの問題に複数の解法を見出すことは、複数の視点を持つことを要求することの多い大学での学習に結びつく重要な観点である。さらに、出題範囲として数学Ⅱ、

Bまでであっても、解法は数学Ⅱ、Bの範囲に限る必要はないのが数学であり、入学試験の採点では出題範囲を超えた解法は正しい限り何の問題もないどころか、先まで勉強していることは大いに歓迎される。

さらに、穴埋めとはいえ一桁の数字や一文字しか使えないことは出題できる問題の幅を狭くし、時には正答を推測可能な場合も出てくる。また、細かいことではあるが、文字式の記法の習慣から、文字式の冒頭では1が使えないために

$$\boxed{ア}x^3+5x^2+\cdots$$

のような問題では$\boxed{ア}$に1は入らないことが最初から分かってしまう。

（2） 問題数が多く、時間内に考えながら解くことはほとんど不可能である。

これはマークシート方式の問題ではないが、受験生全体の成績の分布を二項分布に近づけるためであると推測される。試験時間に比してセンター試験の問題数が多すぎ、問題の意味を考えながら時間内に解くことはほとんど不可能である。したがって、センター試験でよい点数を取るためには、それなりの訓練をする必要がある。それは問題の意味を考えて解く訓練ではなく、問題文に与えられた方針に従って、手際よく解答にたどり着く訓練を行うことになる。

さらに極端になると、ある程度の成績を確保するために、各問題の最初の半分程度を解答して次の問題に移るように指導する例さえ生じてくる。問題の後半部は一般に計算が複雑になることが多いのでその部分は最初から解答を放棄させる。数学の基礎をきちんと理解していない生徒にある程度の点数を取らせるための苦肉の策として指導されている例をたびたび耳にする。こうなると、センター試験の点数と数学の理解とは全く関係ないことになる。また、数学の基本的な部分を理解していないので、大学に入学した後も数学が必要になっても学び直すことがきわめて難しくなる。

こうしたことが起こるのはセンター試験が同一問題を膨大な数の受験者が受け、一斉に採点をしなければならないからである。例えば、同一の問題であっても、各大学が独自に採点することができれば、穴埋めではなく記述式の問題

としてセンター試験の問題を利用することができる。また、たとえ穴埋め問題であっても、マークシート方式を放棄すれば、二桁以上の数字や式や記号、ときには短い文章を解答として要求することが可能になり、問題としての質が向上する。センター試験の問題の多くが、記述式の問題にすれば優れていることは上述の問題Bからも推測できるであろう。それだけに現行のマークシート方式は、問題の質を落とす方向に作用しており、何とも残念なことである。

（3） センター試験が倍率による受験資格の足切りに使われることによって、受験生に無用の負担を強いることになった。

　共通1次試験の時からの問題の一つは、主要な大学で、一次試験の代用としてセンター試験が受験者の足切りに使われ、しかも足切りが点数ではなく倍率で行われることが多く、できるだけよい点数をとる必要を受験生に強いる結果となったことである。足切りが、あらかじめどの教科は何点以上という形で与えられていれば、試験を受けた後でかなりの程度自分で判断ができるが、倍率であればどれだけの点数をとればよいのかが分からずに、無用な試験対策を受験生に強いることになる。そのために、センター試験の準備に多大に時間をとられ、本来重要である、問題を考えながら解く練習がおろそかになってしまう。

　現実には、膨大なデータをもった受験産業の方が足切り点数の予測ができるまでになってしまい、受験産業に受験がますます牛耳られることになってしまった。その結果

（4） センター試験は受験産業にとってデータを取るために役立ち、偏差値による大学の序列化が行われるようになった

という、本末転倒の結果が生じることになった。受験生も自分の将来の適性と各大学の持っている特色を考えるよりも、偏差値で大学を選ぶことが多くなり、日本の将来にとってもゆゆしき事態になっている。

3. 制度設計上の問題点

　これは日本のあらゆる制度に共通する問題であるが、官僚の無謬性を保証するために、制度の問題点を見出し、制度を改善していく制度設計が存在しない。センター試験の問題点が長い間指摘されながら、一向に改善されて来なかったのは、それを放置したままで利用してきた国立大学の責任も大きいが、それ以上に制度を改善しようにも改善するための仕組みがどこにも用意されていなかったことが決定的であった。そして、いつも犠牲を強いられているのは受験生であることを忘れてはならない。

4. センター試験は大学入学資格試験たり得るか

　そもそも大学入学資格とは何かが問われなければならないであろう。ここで言う大学入学資格とは、各大学が自分の大学に入学する資格を問うという意味である。国家規模で大学入学資格を統一テストで決めることは高校教育の否定につながりかねず賛成することはできない。ところで、少子化によって、大学全入時代に突入した現在、大学入学資格は存在しなくなったのかもしれない。しかし、一方では全世界がグローバル化された現代は、質の高い大学教育を提供することが世界規模での競争に勝ち抜くために世界中の大学に要求されている。したがって多くの先進国は初等・中等教育に力を入れ、多くの国民が高等教育を受ける機会を拡げようと様々な対策を講じている。しかし、日本の現状はこれに逆行し、初等・中等教育に関しては、近年の学習指導要領の改訂毎に教育内容の切り下げとともに、主要科目の授業時間数が切り下げられ生徒が十分に学習する機会が奪われてしまった。その結果、中学・高校教育の補習までが少なくない大学で行われるようになってきている。高校までの教育の質の低下は大学教育の質の低下を必然的に引き起こし、グローバル化された世界の中で日本の

存在感は年を追う毎に低くなってきている。

特に重大なのは、未知のものを学ぶことに多くの大学新入生が困難を感じていることである。既存の知識を生かして未知のことを学ぶことができにくくなっている背景には種々の原因、特にすぐに結論を求める日本の社会のあり方そのものに大きな原因があるが、数学に関する限りはセンター試験の果たしている役割が大きいことは上述した通りである。したがって、現状ではセンター試験は大学入学資格試験としての役割を果たすよりも、大学入学資格の水準を低める役目をしているとしか言うことができない。

5. センター試験を改善するには

センター試験を改善し、活用するためには、マークシート方式をやめ、穴埋めであっても複数の数字や文字や式、ときには短文を直接記入できるようにすることが、試験そのものの質を高める上では重要である。そのように変えれば、例えば高校卒業資格試験（フランスのバカロレアやドイツのアビツァのような程度の高い卒業資格試験とは異なるが）として取り扱うことも、各大学が大学入学資格試験としても取り扱うことは可能になる。

もちろん、そこで重要になるのは採点を誰が行うかということである。一斉試験で行うのであればこれは大問題になる。高校卒業資格試験にするのであれば、高校の先生方の応援を借りるのが一番自然であろう。ただ、卒業資格であれば現在のように1月に試験を行うことが妥当かという問題が起こる。3月高校卒業、9月大学入学にするのであればこの問題点は回避できるが、これは実際に実行するのは現状では不可能であろう。

そうすると一番可能性がある解決策は、大学入試センターが作成した問題を各大学が購入して入学試験に使うことである。予備校が大学入試問題を販売したとして話題になったことがあるが、大学入試センターの問題を多くの大学が使うのであれば入学試験の質を高めると思われる。また、同一試験日であれば異なる大学であっても同じ問題を使うことができる。特に、共通1次、セン

ター試験は膨大な試験問題の蓄積がある。過去の問題をそのまま出題するのではなく、問題の数値を変え、さらに質問する観点を変えることによって数多くの問題のヴァリエーションを得ることができる。特に、記述式問題として利用すれば、さらに多くのヴァリエーションも可能になる。そうなれば高校も、単なる受験テクニックだけでなく数学の理解そのものが重要になることを生徒に納得させることができるようになるであろう。

　そもそも、共通1次試験が発足した背景には、当時大学入試に奇問・難問が横行していた事情があった。共通1次試験・センター試験によってそうした悪しき習慣がなくなったことは確かである。それどころか、現在、入試そのものが多様化したこともあり、自前で数学の入試問題を作ることのできる大学は激減している。数学関係のスタッフがほとんどおらず、問題を入試センターから購入しても採点もままならない大学も多い。したがってこの場合でも誰が試験の採点を行うかが重大な問題となろう。現在、団塊の世代の大量退職が話題になっているが、大学・高校を定年退職した先生達に採点の応援を頼むことが可能であり、採点者の確保の現実的な解決策になるであろう。また若手の活用として、数学のポストドクに応援を頼むことも可能であり、採点者の問題は解決可能である。

6.　最後に

　センター試験に限らず、入学試験に関して現在の学校教育は余りに神経質である。例えば、京都大学が入学試験に対して現在の学習指導要領より少し範囲を広げて出題する可能性を公表したときに、一部の高校の教師は授業で教えることができないからという理由で反対した。ここでも、教えなければ生徒は分からないという神話が見え隠れする。京都大学を希望する受験生が自分で勉強しても決して困難でない範囲であってもこのような反応が出てくるとは、高校における教育がほとんど大学受験だけを目的として、自ら考え自ら学ぶ力の養成を軽視していることと無関係ではない。もちろん、そこに

は大学受験結果のみを教育の成果とする日本の社会の持つ問題点があることは確かである。かつて、林竹二は世を覆う受験信仰に対してそれに本当の意味で対抗する教育が表れないことを嘆いたが、現在はそれを嘆く教育関係者はますます少なくなっている。

　現在の日本の高校教育では、高校生が大学へ進学した後で、あるいは社会人になったあとで学んでいく力を有しているかどうかは全く問題にされない。しかし現在は、社会人になったあとでも自ら学ぶことが求められる時代になっている。自ら考え、自ら学ぶことのできる力を養う真の教育を初等・中等教育が取り戻さない限り、日本の将来は無いであろう。そのような意味でも、センター試験のもつ問題点を解決できなければ、日本の将来は全くないと断言せざるを得ない。

センター試験の高校教育への影響

学力低下の時代

香本明世（大阪府立成城工業高等学校・教諭）

　このところ社会問題化している「学力低下」というものは、いざ分析しようとすると、なかなかむずかしい問題であることがわかる。ひとつは、学力低下という言葉でとらえられている事態が、学力テストの点数が下がってきたという直接的なものから、学習する姿勢そのものを問題にしなければならない本質的なものまであって、単純に論じきれないこと。つぎに、当然のことながら、それらの原因も重層構造をなし、たとえば入試科目数の減少といった比較的突き止めやすい原因もあると同時に、一見単純にみえても根をさぐれば社会の風潮と連動しているなど、一筋縄ではいかない場合も多いことである。したがって、この問題を論じるには、質の違った多様な切り口が必要であると思う。
　私が教育現場から昨今の世相を見ていると、教育問題も含めて、ものごとのとらえ方、判断の仕方が浅くなっていると感じざるをえない場合が多いが、この感じを煮詰めてみると、文明の隆盛の陰で精神文化が衰退していることを指摘せざるを得なくなる。学力低下とよばれている現象の根の部分には、どうもこういう、現代の社会病理があるのではないかというのが、私の感じである。そこで本稿では、こういった角度から、日ごろ抱いている疑問や問題意識のいくつかを述べて、ご参考に供してみたいと思う。

1. 高校生の「学力低下」

　私は1970年代の末期から1990年代の初期まで、若干の優秀な生徒を含む中程度の進学校に勤務していたが、この間に生徒の気質がめだって変わった。前半の時期には、どの生徒が優秀であるかは授業をしたり、生徒らと接していると自然にわかった。優秀な生徒は、どのような角度から接してもそれが察知できた。校内模試をすると彼らが上位を占めたが、そこに違和感がなかった。また、彼ら以外に個性が光る生徒がいて、成績優秀ではなくても、自分が関心をもつ分野の本を所持し、休み時間にはそれを読んでいる姿がみられた。彼らと話してみると、大人同士とあまり変わらない会話ができた。こういう生徒たちが大学の推薦入試を受けるときには、何の苦もなく本気で推薦文を書くことができた。
　ところが、後半になる頃から、様子が変わってきた。まず、だれが成績優秀者なのか、生徒と接していてもわかりにくくなった。そして校内模試の結果を見てはじめて、意外に思うという状態になってきた。同時に、するどい個性を感じさせる生徒がほとんどいなくなり、推薦文を書くときは作文作業とならざるを得ず、苦痛を感じるようになった。
　このような変化は、授業中の生徒の様子にもよくあらわれた。
　授業というのは一方的な講義ではなく、教師と生徒の協力の上に成り立つものであるから、いわば一定の幅をもった川の流れにたとえることができる。生徒はその川の中でじっとしているのでなく、活動しなくてはならないが、あくまでも川の流れの中にいなくてはならないという制約がある。この制約を守って活動がなされているとき、その授業状態を「活気がある」という。前半期には、生徒らは川の中でなかなか活発に動いていたが、ときどき川から飛び出し、岸に上がって走り回る者がいた。こうなると「活気がある」から逸脱して「やかましい」状態となる。これが前半期の悩みであった。
　ところが、だんだん様子がかわって、生徒らが静かになってきた。授業担当者は最初みな喜んだ。しかし、やがて「静かになった」のではなく「活気がな

くなった」のだとわかってきた。生徒らは川の中で動かなくなり、一直線上に並んでじっとしている。授業中は静まり返っているが、ほとんど無反応の状態である。ある先生は「最近は壁に向かって授業をしているようだ」という言い方で授業担当者としての苦痛を表現した。そして注意すべきことは、このような生徒たちが、休憩時間や自習時間には決して静かにしていないということだった。自習のときはやかましく騒ぐので、隣室で授業をしている教師が注意しに行かねばならないこともある。私はこの現象を「勉強の儀式化」と名づけた。授業中静かなのは、儀式のあいだは静かにするというマナーを生徒らが守っているためであり、休み時間になるとやかましいのは儀式が終わって開放されたからである。これは勉強が生徒らにとって関心の対象でなくなったために起こっている現象と思われた。本質的にみると、文化的関心度の低下ということである。

　思春期以前の子供は遊びが本分であるから、勉強は大人がついて我慢してさせなければならない。そして勉強が終われば、ご褒美に遊ばせてやればよいのである。すなわちこの時期には「勉強」と「遊び」は対立概念であって二極分解している。しかし高校生になって文化的な関心が芽生えると、「勉強」と「遊び」は二極分解せず、少しずつ融合するようになる。この融合が進むと「文化」とよばれるものになるわけで、個人においてはこの過程が同時に教養の形成となる。この融合状態は、授業中よりも休憩時間にあらわれる。だから高校生のレベルを見るには、休憩時間や自習時間の様子をみるといいのである。

　我々が目にしたのは、この自然な成長過程の逆行だったわけで、高校生の子供化現象であった。その結果としてあらわれたのは、学習姿勢の浅化である。たとえば、私が勤めていた前半期には、生徒らは授業の中で教師が挿入する余談を喜んでくれた。この余談というのは、単なる無駄話ではなく、授業内容を側面から補強し深めるためにするものである。これを喜んでくれると、こちらも授業のやりがいを感じるわけである。ところが後半期になると、この余談が効果を生みにくくなった。余談が始まると、露骨に寝る者があらわれた。余談が終わると、起きて黒板を写しはじめる。彼らにとって、余談とは「勉強の中断」なのであった。以上が、私が高校現場で「学力低下現象」を体験した最初

である。

2.　「教育」と「薫陶」

　高校生がしがちな質問のひとつに、「微分積分なんて人生で何の役に立つの？」というのがあるが、これに答えられず困ってしまう教師が多いという話を聞いている。この質問が出される背景としては、まず数学教育と物理教育の連携が悪いというカリキュラム上の問題がある。つぎに、「役に立つ」という概念の解釈が性急すぎること。この姿勢は人生を概して浅くとらえてしまう傾向と結びついており、未成年が陥り易いものである。第三に、自分がいまだ十分に学んでいないことについて簡単に裁断を下そうとするのは悪い癖であることを指摘しておく必要がある。ゆえにこの質問は、単なる「困った質問」ではなく、教育上これらの三つの角度から慎重に対応する必要のある発言である。これに対して、「はて…買い物をするのにはいらないし、この生徒は将来技術者になるわけでもないから、そう言われると何の役に立つのかなあ？」というふうに質問者と同じ平面を這い回っているのでは困るわけである。
　教育現場における質疑応答は、時として「薫陶」の大事な機会となる。「薫陶」において重要なことは、出された質問に対して必ずしも同一平面上で答えないということである。これは一般にあまり言われていないことだが、教育の場における問答というものは、それ以外の場における通常の質疑応答とはその本質が異なる。たとえば、買い物客が商品について詳細を問い合わせた場合なら、答える側は問われているそのことについて、質問者と同一平面内で明瞭に答えなくてはならない。それ以外の答え方をしたのでは答えにならないからだ。しかし教育の場における問答の意義は、その問答を通じて質問者を成長させることにある。どのように答えれば質問者の成長にもっとも効果があるかを瞬時に見極めて、そこから答え方を決めなくてはならない。そのためには、応答者の意識状態が質問者のそれより鮮明でなくてはならないし、また応答者は、出された質問の形だけにとらわれず、その質問が発せられている意識状態

を洞察する必要がある。質問の形が幼稚であるのは質問者の意識がいまだ未発達なためであるから、その意識状態が改善されるような答え方を用意するのでないと教育にならない。

人間教育の場における質疑応答は、このように単なる需要と供給の関係ではなく、教育の成否を賭けておこなわれなければならない重要なものである。回答は質問と同一平面上で与えうる場合と、そうでない場合がある。後者の場合、回答者は質問者より一段高い平面において答えを出すことになるので、質問と回答が垂直の方向にずれる。このずれは質問者に、自分の質問にまっすぐ答えてもらっていないという戸惑いないし不満足の感じを与える。この不満足の感じを、認識のレベルを底上げすることによって発展的に解消せよというのが、回答者が質問者に課している課題であるわけだ。この構図は教育において本質的である。現実には、そのような回答を効果的に与えることはかなりむずかしい。問いと答えの垂直方向のずれが大きすぎても教育は失敗するし、小さすぎると教育にならない。質問者の力量をよく見きわめて、解決可能なぎりぎりの課題を回答に包んで渡すことができれば、理想的な指導者といえるだろう。

3. 「学力低下」の根底

大学生の学力低下が深刻な問題として認知され始めたころ、ある大手予備校がこの問題を独自に調査し、その結果報告として公開講演をおこなったことがある。つぎの3例はその講演の中で挙げられていたもので、いずれも難関国立大学における事例だそうである。

事例1　ある工学部の学生が、実験中に、非常に熱く熱したフラスコを、冷たい鉄板の上に置いた。とたんにフラスコは割れて飛び散り、破片がその学生の首に刺さった。学生はすぐ病院に運ばれ、緊急手術の結果、一命をとりとめた。

事例2　英語の試験免除という入試形態で入学した学生が、入学後、英語のテキストを用いる授業を拒否した。その学生は「入試で英語を免除されている以上、英語による授業を強制されるのはおかしい」と主張し、先生たちの説得

に応じなかったという。

　事例3　難関の入試に合格したはずの学生が、分数を小数に直せなかった。一目で割り切れることがわかるような分数なら容易に整数や小数にできたが、割り切れず無限小数になるような分数を前にすると、とたんに困惑したという。

　以上についてみると、とくに事例2などは、ものの考え方がどうなっているのかという深い疑問を抱かざるを得ない。入学試験という便宜上のものと入学後におさめる学問は別だということが理解できないという、驚くべきケースである。事例3は、やや単純な例だが、分数や小数の概念自体、またそれらの概念的関係を、勉強中に一度も意識しなかったためであろうと推測される。（これと似た例としては、微分の計算ならできるのに、口頭試問で微分係数の定義を問われると答えられない学生が多いという話を、私は以前に聞いたことがある）

　これらの事例は担当教官たちをひどく驚かせ、学内で話題になり、けっきょく深刻な「学力低下」としてとらえられたということである。

　私が思うに、これらはたしかに「学力低下」としてとらえざるを得ないとしても、相対的に学力の高い者が集中している大学での事例だけに、「学力低下」という単純な表現だけでは割り切れないものが残る。かかる一種の知的荒廃の本質は何だろうかと問わざるを得ない。私としては、それは「知に教養が伴わなくなっている現象」であるとひとまず表現しておきたいと思う。こう言うよりほかに、こうした奇怪な知のありかたを言い表わせないからである。そしてこのように表現してみると、問題の所在が少し浮かび上がってくる気がする。キーワードは、どうもやはり「教養」ではないか、と。

　「教養」という日本語は浅い意味から深い意味まで幅があって奥が深く、慎重にその意味をさぐらねばならない言葉だが、わが国では長く大学教養課程というものがあって、学生がそれぞれの専門分野に進む前に他の多くの学問分野を広く浅く学ぶ場とされていた。そのため「教養」という語は一般に、「知識を広く身につける」というニュアンスを伴って用いられがちである。しかし、先日ある新聞のコラムを見ていたら、興味深い教養の定義が紹介されていた。それはスペインの哲学者、オルテガ・イ・ガセットの定義というので、つぎのよう

なものである。

「教養とは、生の難破を防ぐもの、無意味な悲劇に陥ることなく、また過度に品格を落とすことなく、生きて行くようにさせるところのものである」

この定義のすぐれているところは、「教養＝幅広い知識」というわれわれが陥り易い図式と縁を切っている点である。この定義は「教養」の働きに着目しており、これによって、その本質が知識ではなく、人生の根幹をなす判断力であることを主張している。これを参考にすると、知識と教養の違いはつぎのように整理できる。
- 知識……受動的な知。判断材料とはなるが判断する主体とはならない。
- 教養……知識を資料の一つとして機能する高度な判断の主体。知の主体性・能動性を本質とする。

このように対比してみると、「知に教養が伴わなくなっている現象」とは、知の主体性が衰退し、知のありかたが受動性に偏している現象であるとみることができる。

4. 「知」と「無知」

ヨーロッパに行ってきた知人から興味深い話を聞いた。あちらでは夜、家の中で電燈をつけるとき、日本のように部屋全体をすみずみまで明るくするのではなく、食卓なり、デスクなり、そのとき必要となる場所と周辺だけをスタンドの明かりで照らし、あとは暗いままにしておくことが好まれるのだそうだ。これは「夜はあくまでも夜であって、昼に変えるべきではない」という発想が根底にあるらしい。このようにして、夜になればその本性である「闇」が保存されるという。

この話は、戦後の新興国家としての日本がなおざりにして捨て去ってきたものが、ヨーロッパでは今なお保たれていることを示している。光と闇を共存さ

せる生活様式のほうが、闇は不便だから追放して消してしまうことをよしとする現代日本の都市生活に比べて、陰影に富んだ生活意識が保たれるであろうことは容易に想像される。そしてこれは、実生活のみならず国民の精神生活のありかたについても、重要なことを暗示する。

　近代精密科学をその根底において立ち上げたニュートンは、晩年にこういう言葉を漏らしている ——「私自身は、海辺で遊んでいて、時折めずらしい石や貝がらを見つけて喜んでいる子供にすぎないように思われる。真理の大海は未知のままに、私の眼前に横たわっている」

　これが、その業績を理解し得る人々から半神と仰がれ、非常に発達した現代の科学にもなお決定的な影響を及ぼしているニュートンが、その生涯の終わりに自分の人生に対してくだした評価であった。この言葉こそ、知の結晶であることを、われわれが忘却してどのくらいになるのであろうか。

　われわれはふだん、自分たちの知力がせまく暗いとはあまり感じておらず、むしろ自分の意識状態は十分に明るいと感じて暮らしている。しかしどんな動物でも、自分に見えている範囲は明るく見えているはずである。問題は、その外側に闇が広がっているということだ。「薫陶（くんとう）」が「教育」と異なる点は、この「闇」を保存することである。ソクラテスの言葉として知られる「無知の知」や、上にあげたニュートンの述懐は、いずれもこの認識に立っている。それは、われわれの「知」が闇の中にともされた一灯にすぎないという認識を失わずに「知」を扱おうとする態度である。そして「教養」というものは、ほんとうはこのような地盤の上でなければ形成されないものなのである。

　日本の学校教育制度は、日本が近代国家として欧米先進国に追いつくことを目標に発達し、多大な成果をあげたが、当面の目標を達成したのちも、相変わらず同じ路線を走りつづけており、原点に返ることを忘れたままである。そして日本人の学校信仰は絶大で、学校はあらゆることを教えてくれる場であるかのような錯覚が定着したままである。しかし学校教育が短期間に驚くほど多くのことがらを教え込むことに成功しているのは、言語化による概念的理解を軸としているためである。じつは人間にとって真に重要なことがらというもの

は、かならず多面性と重層性を持っており、みずから体験したときにはじめてその意味がわかるものであって、容易に言葉にならないものである。これを言語的表現体系に一様に翻訳できると考えるのは錯覚というほかない。ところが学校教育は国民の教育の能率化を身上としているものであるから、このような「闇」は無視して扱わない。あらゆるものを、概念と言語という人工の光で照らし、そこにあらわれる形を「理解」と称して事足れりとする。問題は、この「理解」が仮のものにすぎないという反省が失われていることである。その結果、言葉を知ってさえいればものごとを分かったつもりになるという認識の空洞化が、学校教育の危険な副作用として、言語礼賛とともに国民の間に定着してしまった。

「闇」の存在を容認しない「人工の昼」においては、ものごとは本来の陰影を失い、ベタ光線で一様に照らされる。このような状況下では、知力というものの本質が分かりにくくなり、「認識」と「情報」が混同されるようになる。何よりも、知の源泉というべき「無知の知」が分からなくなるから、真の教養の形成も困難になるのである。

5. ものを考えない時代

いまは「ものを深く考える」ことが流行らない時代である。その証拠に、哲学が流行らない。これは多くの人が認めると思う。ひとつ冗談のような話を書いておくと、あるとき市街を歩いていたら、若者向けのおもしろグッズを売る店があって、そのショウウインドウに有名なロダンの彫刻『考える人』のミニチュアが置かれていた。えらく真面目なものが置いてあるなと思ってよく見たら、題が『考えすぎる人』に変えられていた。つまりパロディにされているわけである。われわれにとっては想定外のパロディといわねばならないが、こういったパロディが生まれるにはそれなりの背景があると思う。この彫刻がその本来の意味で受けとめられるためには、これを鑑賞する側が「考える」=「思索する」という行為を体験していて、その意味を理解していることが必要であ

る。このスタンスからは、この彫刻をパロディ化するという発想は出てこない。これがパロディ化されているのは、おそらく「ものを考える」という行為の本来の意味が若い世代にはわかりにくくなっており、その結果、この彫刻が表現している「考えこむ」姿勢が「何かに悩んでいる」姿として受けとられているためではあるまいかと思われる。

　時代も人間と同じで、長所だけでできてはいない。哲学が流行った時代には、またその時代特有の欠陥があったであろう。現在はその逆で、哲学しない時代としての欠陥をもっていると考えねばならないのである。学校教育も例外ではない。以下は、そのような欠陥の一つと思われる。

　ある地方の高校を教育視察で訪れたときのことである。その学校はちょうど中高一貫教育の新しい6年制中・高等学校としてスタートを切る直前であったが、もともと県下有数の進学校であり、配布資料をひらいてみると、夏休みと冬休みにものすごい量の補習授業を組んでいるのが目についた。3年生は休みがほとんどない状態で、2年生もほぼこれに近い。一番スケジュールのゆるい1年生でも、冬は12月28日まで日曜祝日返上で授業となっている。質疑応答の時間があったので、私は翌春から開始される中高一貫教育はこのような補習授業の解消をめざすものかどうかを質してみた。これに対する回答は否定的で、夏と冬の補習授業はこれまでどおり継続するということだった。私は解しかねたので、せっかくの中高一貫なのになぜ補習授業を緩和できないのか、かさねて質した。これに対する教頭先生の答えはつぎのようであった。「学校が強力に指導すれば生徒は食いついてきて、結果的に伸びる。これはやりがいのあることで、意義あることだ。うちの教員はみなやりがいを感じて熱心にやっており、勤務条件についての不満などは出ていないから、何もやめる必要はない」

　私は質問が誤解されていることを感じた。私の質問は補習にたずさわる教職員の労働条件を問題にしたものではなく、生徒にとっての長期休暇の意義を教育上どのようにとらえているのかという教育の理念に関する微妙な質問であり、露骨な形で問いただすと失礼になるので、うまく察してこの角度から何らかの回答をくれないかと期待したものだった。私の経験では、夏休みや冬休み

の真の意義は、大きな自由という、楽しげにみえて実は手ごわいものに立ち向かい、これを自分にとって意義あるものにするという困難な課題に取り組む絶好の機会だ、というところにある。夏休みに学校で大量の補習授業があれば、さしたる困難なく一見有意義な夏休みを過ごすことができるであろう。しかし「自由」という、人間にとって最も重要でありながら最も扱いにくいものに自分はどう対処するのか、という人生的課題は無視され迂回されてしまっている。私の経験からすると、高校3年間はいわゆる自己実現の方向を定める時期であり、人生の基礎ができるときである。そして自己実現というのは与えられた自由との対決のなかで形をとってくるものだ。こういう人生的課題は学校教育体制の内部ではうまく扱えないものであって、生徒個々の営みにゆだねられるべきものである。そして本当は、こうした生徒自身による自己教育の成果をまたなくては、学校教育は最終的に空転するのである。この個々の営みを支援するために定期的にまとまった休暇を生徒に与えることは、学校の義務だと私は思う。

　人間がまともに成長するためには、きびしい教育と十分な自由の両方が交互に必要であり、このどちらが欠けても成長がおかしくなると思う。学校できびしく教育することと休暇を与える与えないは、教育上全然別の問題である。こういう重要なことを理解しない人々が平然と親や教師をやっていると、「深い学力低下」が再生産されてゆくであろう。

　いまのことから引き出される教訓をまとめると、つぎのようになる。

◆人間が成長するのは、本質的には本来人間に内在する力によるのであって、親や学校の力ではない。これは植物の成長が剪定師の力によるのでないのと同様である。教育は非常に重要であるが、それはあくまでも補佐機能として重要なのである。この認識が教育問題を考えるときの基本でなければならない。

◆教育は、成長期にある人間が自己実現の練習をするのを支援しなければならない。そのためには、学校が担当すべきことと、学校では担当できない人生的課題の両方を視野に入れる必要がある。これができるためには、教育をする側が、そのような人生的課題への取り組みの経験を、みずから持ってい

なければならない。

6. 「精神文化」の衰退

　学力低下問題は、冒頭でのべたように、たぶん多くの原因がからみあっており、単一の角度から論じきることはできないと思う。これは大きな問題であり、むずかしい問題である。私にいわせると、学校のカリキュラムや家庭教育のありかたに関係があるとしても、そのような部分だけをとりあげて済む問題ではない。学校、家庭がなぜそうなっているのかが問われなければならず、それには学校や家庭というものを巻き込んで流れている今の時代そのものの分析が必要である。私はその原因のうち深いものとして、文化的関心度の低下を挙げねばならないと思うが、そのためには国民全体を巻き込んでいる現象としての「精神文化の衰退」ということを指摘しておかねばならない。

　これは中堅国立大学での話だが、最近では、理系でも学部卒ですぐ就職できない場合、気軽に大学院に進学する学生が増えているそうだ。しかし、その多くは学問研究に向かう基本姿勢ができておらず、教官が手を焼いているという。それらの学生には文献の読み方から教えなければならないそうである。これは読書力や自学自習力という、従来当然の前提であったものが崩れていて、もはや前提にできなくなっていることを示している。問題の所在は、そういう「従来当然の前提であったもの」が何によって形成されていたのか、というあたりにあるであろう。逆にいうと、それが形成されなくなったのは何が失われたからなのか、ということである。私は、それは学校でどういうカリキュラムが組まれていたかという以前に、教師や親たちが「ものを考えない時代」に流されて、人間の成長というものを深い視点からとらえる態度を失っており、その結果、人間の深い部分での成長には何が必要かという重要な角度を忘却した教育を平然と行なってきたのが根本原因ではないかと思う。つまり最近になって叫ばれ始めた「学力低下」は、実はずっと以前から国民全体の問題として深

いところで進行しており、長い潜伏期間ののち、次世代に対する教育の失敗という形で顕在化したものと考えられる。すなわち、これを新しく生じた問題として受けとるのは錯覚で、すでに再生産期に入っている深刻な問題だと思う。

なぜ国民がものを考えないようになったかについては、戦後の日本が価値観など精神的側面を軽視したまま、経済成長だけをとげたことと関係が深いであろう。さらに、私が子供のころは、まだ経済力というのは大人だけのもので、子供の小遣いは乏しかったから、欲しいものを工夫して自分で作ることも多かった。しかしその後、大人世界の経済力と科学技術力が子供世界にまで筒抜けに波及した結果、大人世界と子供世界の境界線が薄れ、成長期にある人間にとって重要なはずの自助努力の多くが不必要なものになる状況が作り出された。こうして、子供の教育にとって望ましくない環境が作られてしまったのである。

また子供をしっかり教育するためには、家庭、学校、地域社会という三者の連携が必要だが、国民が教育について当事者意識をもたず、教育問題を真剣に考えてこなかった結果として、現在は地域社会が教育力を失っており、学校と家庭も必要な連携を失って、たがいに非難し合いながらバラバラに動いている。こうした対立的状況の中で、学校もますます腰をすえた教育観を形成できない状態に陥り、目先の教育のみに走っているのが現状であると思う。

7～8年前になるが、大阪大学文学部が「文学部は必要か？」という大胆なテーマを掲げて公開シンポジウムを開いたことがあり、私も市民の一人として参加してきた。全体に活気があって面白かったのだが、ここで引用したいのは、シンポジウムの冒頭で哲学者の鶴見俊輔氏がされた「基調講演」の内容である。

鶴見氏は、「親問題」と「子問題」ということを話された。以下にその要点を挙げる。

- 「親問題」とは、生きていること自体から出てくる根本問題。いつから問題があるのか、わからないときからある問題。
- この「親問題」を小さい問題、下位の問題にすりかえてしまったのが「子問題」。そればかりやっているのが今の学校教育。教師、学校が「親問題」

を扱う力を失っている。それで、みんなが親問題から切り離されて、トンネルに入って進む。その結果、「子問題」を扱う名人になり、流行の「子問題」を転々と渡り歩く転向の名人となる。
- 「親問題」は解けない問題である。これを解ける「子問題」にずらしていくと、容易に前進できる。私がおすすめしたいのは、この「親問題」の保存である。「親問題」は、そのままでは学界に通用しにくいが、冷凍保存しておいて加工して使う必要がある。
- あとで提起される問題のほうが先の問題よりよい、という考え方が、今の学界にもある。
- 「親問題」を抜きにしては、コンピューターの発達も根本的な寄与をしない。

鶴見氏が指摘された「親問題」というものは、コンピューターでは扱えない問題であって、「生命知」(清水博『生命知としての場の論理』(中公新書) 参照) というべき真の知力の対象である。この問題は、鶴見氏の指摘にあるように、解けない問題であるが、これが国民の間に問題意識として保存されていることが、その国に精神文化が存在するための根本条件だといえよう。「ものを考えない時代」というのは、この「親問題」の保存状態が悪く、その結果、「生命知」をもっとも必要とする教育が荒廃する時代である。「情報化社会」とよばれる今の時代は、答えの出ない「親問題」を封殺し、すべてを「子問題」にすりかえることによって欺瞞的前進をしている危険な時代であるように私には思われる。

20世紀の終末に日本をゆるがしたオウム真理教事件のあと、さまざまな識者が持論を発表していた中で、私の印象に残っている一つは、国学院大学日本文化研究所教授の井上順孝氏が「月刊 RONZA」(95年7月号・朝日新聞社刊) に出されていた論考である。この中で井上氏は結論として、「ではどこから手をつけるべきか。まずは社会全体が精神文化にもっと関心を持つというところから出発しなければならない」と述べておられた。私は当時、事件そのものにもびっくりしたが、国民がどういう反応をするかがいっそう気になって、事件後数ヶ月のあいだ、新聞だけでなく数種の月刊雑誌と週刊誌を読んでいた。その結果、井上順孝氏の出しておられる結論がもっとも堅実で、視座が深いとい

う印象を受けた。

　精神文化が衰退するとは、いわゆる「第一義的問題」から国民の関心が離れるということだ。「第一義的問題」とは、さきほど引用した鶴見俊輔氏の講演にあった「親問題」のことである。国民がものを考えなくなると、この「親問題」の保存状態がわるくなる。そうなると、価値判断の基盤が崩れて相対主義に陥りやすくなる結果、精神の危機管理ができなくなり、ものの受け止め方がすべて浅くなってしまう。このように国民の多くが本来あるべき価値観を失って浮遊している状態では、強烈な宗教事件に対応することはできない。私も、ああいう事件に国民が落ち着いて対峙するためには、「精神文化への回帰」というルートを経るしかあるまいと思う。他の多くの識者たちが述べていた提言が意味をもつのは、そのあとのことである。

7. 学力回復のために

　若者文化の中心が音と映像の世界に移って久しくなる。音や映像の文化それ自体がわるいわけではない。しかしその裏側に読書力の衰退があるとなれば、笑ってすますわけにはいかない。音と映像の文化だけでは、なによりも国語力が育たない。母国語を深く使う練習をしなければ、能動的な思考といっても限界があるだろう。

　それに、読書は一面からいうと、問いを持つ人がその答えを求める行動でもある。たとえば小説を読むのは面白いからであろうが、その面白さの中には、自分が知らない他人の人生への好奇心ということがある。自分自身の生活にしか興味がない人は、小説を読もうと思わないであろう。

　読書がなぜ頭を発育させるかというと、文章表現というすこぶる抽象的な手段を媒介としてあらゆる世界への窓が開かれているからである。手段が抽象的であるから、思考の能動性が必要になり、それだけ見る世界が深くなるのである。たとえば映画を見てからその原作を読むと、両方のよさを味わえるが、原作を先に読んでからその映画化作品をみると、不満を感じる場合が多いのも、

読書で味わう観念世界のほうが深さと完成度においてまさるためである。これが映像になると、固定化された感覚の世界に引き下ろされてしまい、強い制限を受けて自由を失うからである。

　もうひとつ、読書習慣のある人とない人では、人生の幅と奥行きが決定的にちがってくる。これは読書をしない人には想像もできないほどの差である。たとえば私の経験では、ひとつの出会いが次々に他の重要な出会いを生んでゆくという点においては、書物との出会いのほうが人間との出会いより大きいほどだ。というのは、ある本との出会いは他の本との出会いを導くばかりでなく、人間との出会いをも生む。そして、このようにして生まれた人間関係は、ふつう永続きし、結局その他の人間関係よりも人生で重要な位置を占めることが多いのである。その理由はたぶん、それが書物を媒介としない出会いに比べて、心のより深い部分での出会いであって、したがってより純粋であり、互いの内的必然性の共鳴という意味合いが強いからであろう。重要なことは、単に人間関係が広がるということではなく、書物を媒介として人間同士の交流が起こるときは、その書物のレベルに応じた人間関係が展開するということだ。非常にすぐれた本の場合は、その読者の中に著者と同等レベルまたはそれ以上の人がいることもあり、このような場合には、読者同士の交流によって、そのきっかけを与えてくれた書物のレベルを超えることができることさえある。こういった事実を考慮に入れると、人生における読書の重要性は、あまり本を読まない人が簡単に想像している程度のものではないことがわかるだろう。

　学力低下を深い部分で食い止めるには、やはり読書力の回復が不可欠だと私には思われる。聞くところによると、「早朝読書」という方法を取り入れている小学校や中学校では、結果的に遅刻防止にも役立っており、かなりの効果があがっているそうだ。最初はどうしてもマンガしか読もうとしない子供がいるが、そのうち友達が活字の本を読んでいるのをみて真似をしはじめるという。

　私はこの「早朝読書」は、特定の学校が単発で実施するだけではなく、小学校から始めて中学、高校と連携する形で引き継ぐのがよいのではないかと思っている。じつは、ある新設高校へ教育視察に行ったときにこの実践報告を聞いたことがあるのだが、そこの話では「地元の中学が実践しているので、捨てる

のは惜しいと思い、指導を引き継ぐ形でやっている。おかげで遅刻も少ないし、効果は上々だ」とのことであった。もし中学でやっていなければ、高校から始めるのは難しいのではないかという気がする。

　この読書指導において重要なことは、読書感想文を書かせないということである。もちろん自発的に書いてくる子供がいれば、褒めてやってよいと思うが、ふつうそんな子供はいない。読書は好きでも感想文を書かされるのはいやだというのが自然だろう。その主たる理由は、子供時代はもっぱら受信して成長する時期であり、発信する時期ではないからである。この時期にあまり発信を強要すると、子供はとまどってしまい、偽物の発信をする癖がつくことがある。健全な発信ができるようになるのは、十分な受信をして成長を遂げて、なおしばらくしてからである。ふつうそれは、成人したのちであると思う。

　教育をするには、教育者自身がちゃんとした成長経験、人生経験を経ている必要がある。読書経験の乏しい人に読書指導をさせると、目に見える成果を得ようとして子供に読書感想文を強制しがちになるであろう。教育は、良くも悪くも、再生産されるのである。

センター試験と高校教育の質的変化

中井　仁（大阪府立茨木工科高校・教諭）

　この稿で筆者は、共通1次・センター試験で25年以上やって来た日本の教育が、その間にどのような変化をとげたかという大問題を、教師としての狭い範囲での経験や見聞をたよりに、考えて見る積もりである。第一回の共通1次試験が実施されたのは、筆者が高校の教員となった年の翌年である。共通1次・センター試験による高校の教育への影響を、現場からの視点で論じる上で、ちょうど良い位置にいると言って良いだろう。今では、教員歴の初期のころに教えた生徒の何人かが、すでに中堅の教員として活躍している。さらには、共通1次元年の1979年以降生まれの生徒たちが、大学を卒業して教員として採用されたり、講師としてがんばっていたりする。大きな広がりと深さをもっているに違いない共通1次・センター試験の影響を、言わば定点観測の要領で観察し、その意味を考えたい。

1.　生徒の変化

　中学校の教師や、中学生の子供をもつ親が、いざ子供達の進学先を考えようとするとき、まず注意するのは希望している高等学校の学力レベルである。そして、高等学校の学力レベルを測ろうとするとき、もっとも頼りになるのはその学校の卒業生の大学への進学実績である。逆に言うと、大学進学率を維持している限り、高等学校の教師は来年度も優秀な生徒が来てくれると安心してい

られる。筆者も、そのような学校の一つに勤務し、大なり小なりそのような気分の中で過ごしていた。ところが、そういった安心感の中で、実は教育の質的な変化が進行しているのではないかと心配になりだしたのは、転勤する数年前のことである。

筆者は、卒業生のおよそ半数が国公立大学に進学する、かなり学力の高い生徒達が通う高等学校で、13年間おもに物理の授業を担当した。「理科離れ」が叫ばれる中で、2年生の半数近くが物理Ⅰを選択し、そのほぼ全員が3年生で物理Ⅱを選択して理系大学への進学を希望した。そのため、「理系離れ」が世間で取りざたされるようになっても、それを強く実感することはなかった。しかし、数年前にその認識を別の形で改めることになった。

筆者は、物理をとる生徒に、毎年ほぼ同じテーマの生徒実験を年間に5種類程度、2年間で10種類程度を課してきた。いずれも探求的実験ではなく、学習した内容を確認する目的で設定した実験である。実験後にレポートの提出を求めるので、毎年最初の実験の前に、1時間かけてレポートの書き方やグラフの書き方を指導した。要求するレポートは、本文とグラフや表を入れてもB5の用紙で10枚以下のものであるが、生徒には完成まで4-5時間はかかったであろうと推測される。生徒も大変だろうが、教師の側もレポートを集めてコメントを入れて、評価して返すのに多大な労力が要る。生徒の大半は、同じような箇所を同じように間違うので、同じ注意を何度も何度も書かなければならないことが多い。しかし、たまには期待した以上の考察を加える生徒もいて、感心させられることもあった。

そんなことを毎年繰り返していたが、2000年ごろのことだったと思うが、実験レポートの提出率が目立って低下していることに気づいた。そこで、古い教務手帳を引っ張り出してきて、実験テーマごとにレポート提出率を割り出した（図1）。グラフの右側に各記号に対応する実験テーマを、実施時期順に示してある。最初の落下実験は2年生の5月、最後の電流と磁場は3年生の11月に実施した。生徒は、実験の結果を持ち帰って、自宅でデータを整理し、表題から結論までをレポート用紙に書いて提出した。年度によって、いくつかの実験のデータ点が欠けているが、それは2年あるいは3年の物理を担当しな

図1

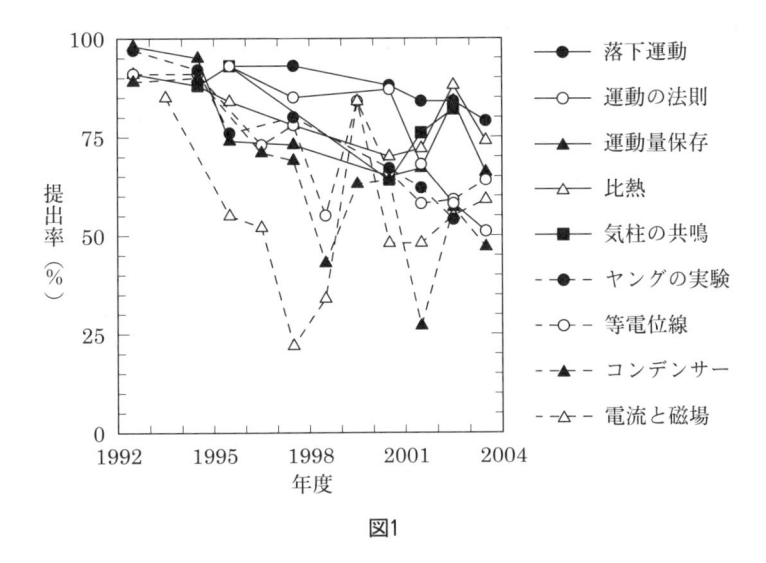

かった年があるからである。これらの生徒実験の他に、授業時間中に観察したことをプリント等に記録して提出する形式の実験（「ガラスの屈折率の測定」、「静電気の性質」など）も行ったが、これらについては授業の終わりに提出するので、95％以上が問題なく提出していた。

　統計を取ってみると、思った通り、全体にどのテーマも年度を追って提出率が低下していることが分かった。中でも筆者が特に注目したのは、「落下実験」のレポート提出率である。この実験で生徒は、物体の落下運動を記録して、重力加速度を求める。実験自体は大変単純なものだが、良いデータを得るにはそれなりに細かな注意が必要である。物理の勉強を始めて最初に出会うこの実験課題において、レポート提出率が確実に低下しているのである。次の「運動の法則」の実験は、他の実験に比べると描くべきグラフの量が多く、データの整理が大変である。そのためか、2000年以降の落ち込みが顕著である。

　3年生になると、授業への慣れと受験のプレッシャーとで、提出率が低下するのは以前からそうであったが、年を追うごとにその傾向も強まっているようである。本来、理系志望の生徒には、大学に進学して専門分野の勉強に力を入

れることができる時期を目の前にして、実験やレポート作成に意義を見出してもらいたいのだが、彼らの行動を見る限り、まったく期待とは逆の傾向があると言わざるを得ない。

　高校の各科目の成績は、定期考査の成績と、平常点と言われる日頃の学習活動に対する評価を合わせて算出するのが、少なくとも筆者が体験した範囲では普通である。平常点は年度の最後の成績に入れるだけで、各学期の成績は考査点のみの場合が多かったようであるが、筆者は、レポートの評価が成績に反映することを知ってもらうために、学期ごとに平常点を加えた成績を出していた。提出率の低下に気づいた後は、学期ごとに合格点に達しない生徒を呼んで、考査の成績が低かった生徒には基本問題の課題を使った補習をし、実験レポートの評価が低くて合格できなかった生徒には、実験課題を課してレポート提出を求めた。このような小さな工夫をして実験学習への刺激を与えはしたが、根本的な解決策とはならなかった。

　レポート提出率の低下傾向が、大学入試の結果と相関しているのなら、問題は勤務している学校だけの問題だと言える。しかし、実際はむしろ入試結果は上昇しているようだった。レポート提出率が減少したから入試成績が改善されたとまでは断定できないにしても、少なくとも入試のための「学力」が低下したから、レポート提出率が減少したわけではないことは明らかである。また、レポート提出率の話を職場内で教師仲間に話をすると、「〇年前まではレポートを出させていたが、生徒が出さなくなったのであきらめた」という反応が、複数の教師からあった。このことは、この問題が筆者一人だけの体験ではないことを物語っている。

2. 「教師」あるいは「教育」の変化

　生徒に生じた変化は、「あきらめ」の形で教師を変化させずにはおかないが、おそらくは両者の変化は互いに影響を与えながら進行していくのだろう。教師側に生じる変化とはどのようなものかを検討する。

＜プリント授業の落とし穴＞

　この数十年の間にワープロや印刷機が進歩して、教材プリントの作成が格段に容易になった。その結果、学校で使われる教材プリントの量は、飛躍的に増大してきただろう。

　本来、授業はノートを中心に行うべきものだろうが、多数の生徒がノートを持参しないなど、授業を成立させるためにはプリントを使わざるを得ない事情も場合によってはあるから、プリントを使った授業が、一概に悪いとは言えない。しかし、ノート代わりのプリントを使った授業であっても、その教師が授業で何を目指すかによって、プリントの書式が異なってくる。

　下の例 A、B は、同僚教師の一人が作った理科総合 B の授業のためのプリントの一部分である。ここで彼は、化石から何が分かるのかを説明をする予定にしている。例 A では、示準化石の意味を説明する文があらかじめ印刷されていて、生徒は括弧に「示準化石」と「地層同定」という語句を入れるようになっている。もう一方の例 B では、その説明の部分はそっくり空欄になっていて、生徒は彼の口頭の説明、又は板書による説明を書き写すようになっている。

==

　　授業プリント例 A：
　　　地層には、それが堆積した地質時代に生息した生物の化石が含まれる。従って、特定の化石が見つかれば、地層が形成された地質時代がわかる。このように地質時代を示す特徴的な化石を（1　　　　）という。
　　　また、遠く離れた地層でも、同じ（1）が見つかれば、同じ時代に堆積した地層であることがわかる。これを（2　　　　）の法則という。

　　【示準化石の条件】
　　　○　（3　　　　）が広い。
　　　○　（4　　　　）が短い。
　　　○　（5　　　　）の速度が大きい。
　　　○　（6　　　　）が多い。

授業プリント例Ｂ：

┌─────────────────────────────────┐
│   │
│   │
│   │
│   │
└─────────────────────────────────┘

【示準化石の条件】
　　a.（　　　　）が広い。
　　b.（　　　　）が短い。
　　c.（　　　　）の速度が大きい。
　　d.（　　　　）が多い。

==

　例Ａの方なら、ほとんどの生徒は同じように指示した語句を括弧内に書き入れることができるので、「皆が出来ること」を重んじる教師はこのようなプリントを用意しがちである。筆者は、しかし、例Ｂの方が教育的であると考えるのだが、それは、例Ｂなら生徒は少なくとも一度は、示準化石という語句を用いた文を書くことができるからである。適切な文脈の中で理解されなければ、語句は実際に使える語彙とはならないから、たとえ引き写しでも一度はそういうことをしておく方がよい。穴埋め式プリントの弊害は、習った語句をただ覚えるだけで、それを使って表現する練習ができないところにある。(例Ｂの【示準化石の条件】も、スペースだけ作っておく方が好ましい。上の空欄を使って、示準化石の役割を説明した後で、どのような条件を備えた化石が示準化石と成りえるかを考えさせると良いだろう。)

　教師にとっての穴埋め式プリントの利点は、ほぼ全員の生徒が同じように教材をこなせるところにある。ノート学習だとそうはいかない。生徒によって大きな開きが生じるし、上にも書いたようにそもそもノートを持参しない生徒もいる。ノートを忘れて手持ちぶさたにしている生徒は、教師には気になる存在である。授業で使うプリントを授業開始直後に配布すれば、そのような心配は

無くなる。しかし、その反面、授業中の生徒の活動度は、ノート学習では高く、穴埋め式プリントでは低い。その中間に位置するのが、記述式のプリントである。記述式プリントでも、指定された枠内に上手に書くことが出来る生徒、出来ない生徒がいるが、その差はノート学習の場合よりも小さい。生徒の達成度にばらつきがあるほど、教師にとっては点検に時間がかかる。細かいことだが、ノートを回収すると点検するべき箇所を開く手間がある。また、次の時間までの保管場所に不自由する。（教師が、授業の準備、その他諸々の校務のために与えられるスペースは通常、事務机一つである。）第一に、整理して書くことができない生徒もいるから、ノートは点検自体も大変である。その点、穴埋め式のプリントの場合は、さっと目を走らせるだけで点検が済み、忙しい教師にはうってつけである。このような教師にとっての「利点」があるから、生徒にとってのノート作成の意味を自覚していないと、どうしても穴埋め式プリントの方に傾斜しがちである。

　丹念に作られた穴埋め式プリントは、授業準備を綿密に行った証左のように見えるが、その実、授業の能率化に重点が置かれていることを見逃してはならない。最近の若者の特徴として、すぐに答を知りたがる傾向がある、としばしば指摘される。しかし、それは括弧を埋めるべき唯一の答を設定し、そこにすばやく到達することを要求する教師側の姿勢と、表裏一体のものではないだろうか。過程を軽視して結果のみを重視する点において、教師と生徒の姿勢には共通の問題点があり、それにある種の保証を与えているのがセンター試験である。

＜センター試験問題が求める「考える力」＞
　センター試験のような選択肢から答えを選ぶ形式では、考える力を試すことが不可能かと言うと、必ずしもそうではない。例えば今年（2007年）のセンター試験「物理Ⅰ」に出題された、湯を2個の湯飲みを使って冷ます2つの異なった方法のうち、どちらがよく冷ますことができるかについての問題は、筆者などはずいぶん考えさせられた。A4のメモ用紙のほとんどを使って計算して、やっと答えを出した次第である。こんなに手間を掛けていたのでは、高得

点はおぼつかないと、よくよく問題を読むと、直感的に答えを選ぶ方法があることに気づいた。どちらの温度がより低くなるかを答えるだけなら、正攻法で熱量の保存を考えて式を立てて解く必要は無かったのである。たしかにこの問題は、考える力を試していると言えるだろう。しかし、この問題に対する予備校の講評は、「良問である」から「クイズのような問題だ」まで、評価が分かれていた。

　この問題に解答するには、上述のように式を立てて考える必要はなかったのだが、式を立てて考えなければ最終的に湯の温度がどうなるかや、途中の熱の移動量はどうかなど、具体的なことまでは分からない。しかし、そのようなことを考えていると、とても全問を解くことができない。考えさせる問題ではあるが、目前の解答に必要のないことは考えさせない形式であるとも言える。基本的な法則に則った方程式を作り、その解法を誰にも分かるように書く能力は、この問題では試されていない。したがって、この問題は確かに受験生を考えさせる問題だが、かなり限定された思考テクニックを試しているように思える。受験生を考えさせたという点では「良問」であったのだが、限定された、普遍性に乏しい思考だけを要求しているという点で「クイズのような問題」であった。

＜二次試験の変容＞
　普遍的な思考形式に習熟しているかどうかを問うには、どうしてもマークシートによるテストには限界があり、やはり論述式のテストに頼らざるを得ないだろう。かつては、少なくとも有名大学の理系学部では、論述式の二次試験を課すことでその点は保障されている、と考えられていた。しかし今やそうとばかりは言えないようだ。例えば、大阪大学理系学部2007年度前期入試問題を見ると、解答用紙には答えを書く枠が35ヶあるが、そのうち「導出方法の概略を記して求めよ」と要求しているのは1問のみである（答えの枠は2ヶ）。他は、グラフを描く問題が2ヶ、答えの数値もしくは式のみを書く枠が31ヶである。同じ大学の過去の問題を探ってみると、1997年度の入試では、全20問のうち、19問は考察の過程を書いて解答する形式になっていた。2000年度

になると現在の形式に近づき、「計算の過程を簡潔に記せ」とあるのは2問、「合計150文字以内で述べよ」とあるのが1問あるのみで、その他は答えのみを要求している。

　このような、二次試験のセンター試験化とでも言えそうな傾向が進行することによって、受験生には、ますます限定された「考える力」のみが要求されるようになる。しかし、ここ10年ほどの間のこのような変化は、実は、長い長い下り坂の中の一部分でしかないようだ。本書にも論考を寄せられている勝木渥氏の労作「曾禰武　忘れられた実験物理学者」（績文堂出版）の中に、曾禰武が受験した第一高等学校入学試験（明治37年（1904年）度）の問題が紹介されている。それを見ると、物理の第1問には

「種々ノ音楽ニ其強サ 調子及ビ音色ノ差異アルハ如何ナル物理的状況ニ基ヅクカ」

とある。問題は、音波の振幅と振動数が音の大きさと高さに関係すること、ならびに弦などの固有振動の重ね合わせが様々な音色を生み出すこと、についての説明を受験生に要求している。彼らは、書き出しから結論まで、数多くの判断を積み重ねて一つの答案を作らなければならない。物理学の知識の有無だけではなく、持てる知識のどの部分を問題に結びつけるかの判断力や、妥当な論理や表現形式を選ぶ力などがテストされるだろう。つまり、100年前の受験生はそのような能力を要求されていた。現在の受験生も、この問題の解答に必要な物理学の知識は、十分持っているはずだが、一定筋道のある問題文に沿って解答していくことに慣れた彼らの多くは、問題を前にしておそらく呆然とすることだろう。しかし、あるいは、このような問題にも適切に対処できる生徒が、（100年前の一高受験生と同じぐらい）少数なら、今も居るかもしれない。ここで筆者が問題にしたいのは、今の受験生の能力が100年前と比べてどうこうということではなく、教育の目指すものが、100年の間にこれほど、しかも安易な方向に、変わってしまって良いものだろうかということである。

3. 「考える力をつける教育」を考えるために

下の国会でのある議員による発言を、まず読んでいただきたい。

> 去年の一月に、例のヨーロッパのOECDの教育委員会の教育調査団がいろいろな日本の教育の実態に対する報告をしておるのでございますが、そのうちで、一つは、大学等、高等教育などへの入学の準備という実情が、個人個人の生徒の学力、能力をつくるというよりも、むしろ入学試験にパスするという技術を修得するということに重点が置かれておるということをいみじくも指摘しておったようであります。もちろんこの点は、つとに国内におきましても問題化してきた点でありますが、そこで、このような指摘があり、国内でもすでに問題になっておるのでありますが、文部省といたしましては、初中教育の観点から、この種の問題についてはどう解決していくのか、どうこれを受け取っておるのか、この辺についてまず明らかにしておきたいと思うのです。

文面を読むと、ごく最近の発言のように思えるかもしれないが、実は、1971年衆議院決算委員会における発言である。この発言を見れば、35年前にすでに日本の教育が受験技術の修得に偏っていることが内外で指摘されていたことが分かる。この質問に対して、文部省の審議官は、「現在改革の基本構想の中で具体的な提案をいたしております」と答えている。そして、その「基本的構想」が具体化された制度が1979年から始まった大学入試共通1次試験である。当時批判の多かったいたずらにひねった問題を避け、良問を選りすぐった共通試験を実施すれば、受験戦争は緩和され、学習の空洞化も防げるだろうとの目論見があったのだが、もちろん、共通1次試験が上の発言で指摘された問題の解決に役立ったとは到底思えない。最近も「新しい学力観」や「確かな学力路線」などとスローガンが変わり、その都度、教育課程が変更され、あるいは変更が予定されているが、それらは、現場の教師や保護者、生徒にとってはお仕着せの服が変わるだけのようなもので、中身は何も変わらない。つまり、初等・中等教育の行き着くところにはセンター試験が在ることに変わりはなく、彼らの目線は常にそこに収斂（しゅうれん）していくのである。

社会が複雑になり、各分野の知識体系も膨大なものになった現在では、初等・中等教育で獲得する知識がそのまま社会で生きる力となるケースは、むしろ稀である。そこで要求されるのは、考える力や知識を得るための技術である。戦後の教育において「考える力」の大切さは十分認識されて来たはずだが、その認識が教育現場で十分に生かされず、筆者自らの教員歴に重ね合わせて観じるところ、特にこの四半世紀の間にさらに後退の度合いを増してきた。ここでは、「考える力をつける教育」とはどのような教育かについて論考するための手がかりとして、授業中の発問についての小さな工夫、および教育の目的としてしばしば登場する「創造性の育成」という言葉が持つ欺瞞性について書く。(「考える力をつける教育」と書くと、「ゆとり教育」と同一と早合点する向きもあるかもしれない。筆者は「ゆとり教育」が目指したものは正しいが、方法論の欠如が問題であったと考えている。)

＜発問の工夫＞
　使えない語句を山ほど覚えるのは、使いもしない物を買い込んで足の踏み場も無くなった家のようなものだ。もう20年以上前のことになるが、生徒に質問をしても単語でしか返ってこないと、当時の同僚にこぼしたことがある。同僚は、それは習ったばかりだからしかたがないと答えた。筆者はその答えに反論はできなかったが、納得はできなかったので、今だにそのやり取りを覚えている。今なら、習ったばかりで言葉を使いこなせないのはいたし方がないが、それを使いこなせることを目標とした教育を我々はしているだろうかと答えるだろう。この点について、筆者自身の授業における工夫を交えて議論する。
　日ごろの授業では、上にも書いたように、生徒が語句だけではなく、その重要な語句を含む文章を書く機会を与えるように気をつけている。しかし、単に黒板に書かれた内容を書き写すだけでは、重要語句を書くだけよりはましであるにしても、生徒の頭脳が活発に活動しているとは言えない。一歩進んで、自分で文章を組み立てて書く機会も必要である。しかし、現実に見ている生徒は、小学校の時から書く練習を体系的にさせてもらってはいないから、ただ単にテーマを与えて書きなさいと指示しても、書き出すことができる生徒は極少

数である。そこで、筆者は、限定されたテーマについて口頭での説明を行った上で、これを自分の文章でまとめさせる方法をときどき採ることにしている。例えば、比熱のところでは、次のような問いを考えさせる。

　問．真夏の昼下がり砂浜を素足で歩くと足の裏をやけどしそうになる。海水は冷たいのになぜ砂浜は熱くなるのか。ただし、乾いた砂の比熱は 0.19 （J/gK）である。

発問をして、反応があればそれを盛り込みながら口頭で答えをまとめる。次にそれを、自分の文章で書かせる。下は、ある生徒の解答例である。

　砂浜（乾いた砂）は比熱が小さく、温度が上がりやすいのと、表面ばかり日光が当たるので、熱くなってしまう。海水は比熱が大きいので、温度が上がりにくいのと、波で混じり合い、海水全体を温めることになるので、砂浜と比べて冷たい。

これに対して筆者は、

　２つの理由を並べて書くときの表現を工夫しよう。例えば、「…、温度が上がりやすい。また、表面ばかりに日光が…」とすると良い。

と、コメントを書いて返した。ちなみに、海水は波によって攪拌されるが、砂浜では攪拌が起こらないと言ったのは、口頭での発問に対する別の生徒の答えである。筆者は、比熱を話題にしていたので、それは頭に無かったのだが、生徒はより多面的に現象を見ていた。一本とられた格好である。授業中に生徒の頭脳が活発に活動すれば、教師にとっても授業が楽しくなる。このようなことは、穴埋め式の授業プリントを使っていては、まず起こらない。
　続いて行った発問は、

　問．晴れた日の午前は海から陸に向かって風が吹き、夕方になると陸から海に向かって風が吹くのはなぜか。「比熱」、「上昇気流」を使って説明せよ。

である。これも前問と同じように口頭で解説を加えた上で解答させたのだが、ある生徒は次のように書いた。

> 朝は陸の方が比熱が小さく、海のほうが高いので、陸の方で上昇気流、海で下降気流が発生するので陸に向かって風が吹く。夕方は海の方が比熱が小さくなるため海に上昇気流が発生するため海に向かって風が吹く。

この答えから、この生徒が比熱を正しく理解していないことが分かる。文章の中で習った語句を使わせてみることによって、生徒の理解が不十分であることが判明した例である。比熱を使って熱量を計算する問題だけをやっていたのでは、このようなことは、おそらく分からないまま先に進んでしまうだろう。

ここで述べたようなことは、一斉授業の中でのささやかな工夫だが、これを1年間の授業で続けていくことは、それなりに根気のいることだ。実際、上のような問いが1題入っているかいないかによって、プリントやノートを評価するのに要する時間が数倍違ってくる。しかし、発問して考えさせ、書かせたものを評価する、これは「当たり前」と言っても良い方法である。「考える力」をつけさせる教育は、なにも特別な教育ではなく、このような当たり前な方法の延長線上にあるはずである。

現在の理科教育に最も欠けている点を一言で表現すると、科学を言語として教えていないということであろう。母国語と外国語とを問わず、語学を学習する際には、一つの語句を何度も色々な場面で使ってみて、初めてそれが持つ意味や文化的背景を修得することが可能である。語学についてこのことは広く理解されているが、科学においても同じであると、広く周知されているとは言い難い。特に日常的にも用いられる用語、例えば「質量と重さ」、「熱と光」、「温度と熱」などは混同して捉えられやすい。科学は自然を語るための言語である。これを忘れて理科教育をしても、国民の間に科学的な思考力や判断力は育っていかない。

<なにを教育目標とするべきか>

　筆者は、理科教育のあるべき姿を探ろうと、ヒントが得られそうな記事にはなるべく目を通すようにしているのだが、その種の文章の中に登場して、しばしば「なにかおかしい」と感じる言葉がある。「創造性」である。例えば、次のような文章、

　　　「…、豊かな人間性と創造性を備えた人間の育成を期するとともに、…」

これは、昨年（2006年）に国会に提出され可決された新・教育基本法にある。
　他には「独創性」なる語句も良く用いられる。「創造性」や「独創性」を養うなんて一体どうすればよいのだろうか。そんな方法を知っていたら、まず自分の「創造性」や「独創性」を高めたいものだと、筆者は思うのだが。
　そこで、ノーベル賞受賞者を輩出してきたケンブリッジ大学の入試問題を見れば、どんな問題が学生の創造性や独創性を試す問題足りえるのかが分かるだろうかと、同大学のホームページを検索してみた。
　ケンブリッジ大学では、書類審査と thinking skills assessment と呼ばれる一種の論理テスト、それに面接（インタビュー）を組み合わせて選別を行っているそうだ。ホームページには模擬インタビューとして、生物学科を志望している受験生と、インタビュアーとのやりとりがビデオで紹介されている。丁寧に台本も付けられているので、その一部を下に紹介する。(A) が受験生、(I) がインタビュアーである。後の便利のため番号を振った。

(I1)　カブトムシの大きな角は、敵にうち勝つためにあるのか、雌を引きつけるためにあるか、どちらだと思いますか。
(A1)　たぶん、雌を引きつけるためにあると思います。
(I2)　それを実証するにはどうすればよいでしょうか。
(A2)　複数のカブトムシの雄を雌に見せて、雌がどの雄に惹きつけられるかを見ます。
(I3)　実験ではどんな雄を用意しますか。
(A3)　色々な長さの角をもった雄を用意します。
(I4)　実験を行うときに注意することはなにですか。
(A4)　雌が、全ての雄を見ることができるようにすることかしら。

(I5)　他に、コントロールすべきことはないですか。
(A5)　他には、分かりません
(I6)　その実験が角の長さに注目していることを、どうすれば確かにすることができますか。
(A6)　そうでした。角の長さ以外に身体の大きさとか、年を取っているか若いかなど、が影響を与えるでしょう。

　模擬インタビューの内容を知って、筆者は、むしろ意外な平凡さに驚いた。特に創造性や独創性を求めてはいないようである。試されているのは、科学的な研究の方法についての知識と、それを理解する能力である。この受験生は、I4の質問の意図を取り違えたようだ。しかしI6の質問には、A6で科学的な研究の方法についての理解力を示して失点を回復した。質問はやさしいのだが、さりとて日本の受験生にこのやり取りができるかとなると、疑問は残る。なぜなら、日本の大学入試や高校の理科の授業で、このような質問が、このような形でされることは、まず無いだろうからである。わずかな違いのようにも見えるが、英国と日本の教育の質的な違いの一端が見えるようである。（サッチャー首相からブレア首相に引き継がれた教育への市場原理の導入によって、英国の教育事情も様変わりしたようだ。しかし、その揺り戻しが早くも始まっているとも聞く（阿部菜穂子著「イギリス「教育改革」の教訓」　岩波ブックレット）。）
　上にも述べたように、ケンブリッジ大学の入試インタビューは意外に平凡だったのだが、そのことが逆に筆者に一つの結論をもたらした。「創造性」とは、他の人が考えたことのないことを考えたり、誰も作ったことのないものを作ったりして、新しい価値を生み出す能力だが、教育がそこに直接タッチ出来るわけではないということである。それが可能なら、いくらでもアインシュタインやピカソを学校教育が量産できるはずだから、気づいてしまえば当然のことのように思える。教育の目的として、できるわけが無い創造性や独創性の育成などを持ち出すと、言葉だけが独り歩きして、本当に必要なことが見失われてしまう恐れがある。
　では、その本当に必要なこととは何かと言うと、それは既に書いた「考える

力」である。特に創造的でも独創的でもない当たり前の事であっても、「考える」にはそれなりの修得されなければならない方法があって、練習が必要である。それは、習った語句を使って物事を表現する練習であったり、理科の場合なら、実験をしてデータをグラフに表したり、描いたグラフを見て得られた結果を解釈する技術である。筆者自身は、自分の守備範囲の中で、機会を捉えては実践を心がけてはいるのだが、公教育の成果として実効を上げるには、これを体系化して教育課程の主要な一部とすることが必要である。そして何よりも、このような忍耐力を要する教育と学習の意義を、教師と生徒が受け入れる必要がある。

<「認識」を教える>

「考える力」を育成するには、このような考えるための様々な方法を習得するだけではなく、教科・科目を特徴付ける認識方法、例えば科学的認識や歴史的認識など、についての理解を図ることも重要である。たまたま2006年7月に相前後して視聴した恐竜をテーマにした二つのテレビ科学番組には、非常に際立った相違が見られた。その二つの番組を、仮に番組A、Bとしよう。

番組Aは、哺乳類がいかにして恐竜時代を生き抜いて進化したかを解説していた。その中で、恐竜が大型化した理由を次のように述べていた。ジュラ紀の大気は、現在の大気より二酸化炭素濃度が高かった。二酸化炭素濃度が高いと、植物の生育は促進されるが、葉に含まれる栄養素は少なくなる。草食恐竜は、栄養素の少ない食べ物を大量に摂取しなければならなかったから、内蔵を大型化する必要があった。それが、彼らの大型化を招いた。そんなに単純に言い切れるものとはとうてい思えないが、この説が正しいかどうかは別にして、問題はそれを疑いない真実として放映している点である。

一方、番組Bは、恐竜の分断進化をテーマとしている。恐竜が繁栄した時代は、地殻変動が活発になって超大陸パンゲアが4分5裂していった時代である。番組は、大陸の分裂が、恐竜の進化に及ぼした影響を探る研究者の努力を紹介している。研究者は、素人には気付かれないような骨格のわずかな違いを見つけて、それが大陸分裂後の進化の違いである可能性があると指摘する。番組は、そのような研究者の主張を、仮説の一つとして紹介している。内容的に

は地味だが、扱いは科学の方法論をはみだしてはいない。

　番組Ａが紹介した恐竜の大型化に至る論理の連鎖には、食物の栄養素が少なくなるとむしろ体は小型化するのではないか等、検討しなければならないことが多々ある。それらを一つ一つ検証していく過程が科学であるわけだが、番組は科学の「成果」のみを伝えようとする結果、本当の科学をどこかに置き忘れてしまったようだ。過程を軽視する考え方がこんなところに現れていると、筆者は番組を見ていて思った。

　科学的認識方法の習得を、科学教育の大きな柱の一つにしている地域もある。米国カリフォルニア州で策定された科学教育のためのスタンダードには、小学校段階から例えば「意見と証拠とを区別し、確認できる観測によって裏付けられない限り、科学者は主張や結論を信頼しないことを学ぶ」、あるいは「観測と推測（解釈）を区別し、科学者の説明は、彼らが観測したことと、彼らの観測による解釈によって構成されていることを学ぶ」等、とあって、学年を追って科学的な認識とはなにかについての学習をさせることを求めている。日本の学習指導要領には、このような観点はほとんど無いと言ってよいだろう。もしカリフォルニア州のスタンダードにあるような教育が効果的になされるならば、番組Ａのような「科学」番組は、決して作られないだろう。

4. 望まれる教育課程

　筆者は、ここまでで、この30年ほどの間に自身が観察した教育の変質を指摘し、そのような現状から抜け出して、目標にしたい教育のあるべき姿を展望した。その目標は個人的な努力だけでは達成され得ない。どのような教育課程を持てばそれが可能なのかを、次に考察する。

＜教養教育論議１＞
　学力低下問題の多くの議論の中では、「教養」の必要性が盛んに主張される。例えば、「東大生はバカになったか」（立花隆著）で立花は、C.P. スノーの次の

ようなエピソードを紹介している（P.34）。少し要約して転記する。

　　スノーが、ある文科系のインテリの集まりで、「熱力学の第2法則がわかる人」と聞くと、だれも手を挙げなかった。彼は、「この質問は、文科系の人に『何かシェークスピアの作品を読んだことがあるか』と聞くのと同じぐらいに、理科系の人には当たり前な知識なのだ」と前置きした上で、「このように文科系の人と、理科系の人とでは基礎的な教養すら共有していない」と説いた。

　立花はこのエピソードに合わせて、米国の4年制大学が4年間の教養教育に費やされること、および自らの高校での体験として、社会3科目、理科3科目を履修するのが普通であったことを挙げて、「一応高校で真面目に勉強した人間は、バランスよく幅広い知識を修得した」と述べている。
　スノーは、知識が専門領域に分断されつつあることの現代社会に潜む危険性を正しく指摘したのだが、そのことを学校教育に直結して、だから幅広い知識を学校で授けなければならないと結論付けることには問題を感じざるを得ない。なぜなら、週休2日制実施時に行われた教科内容の3割削減の反動で、あれもこれも復活させよという声が余りにも高いからである。より幅広い分野を習得すべきであるとする考え方を、そのまま高校に適応するべきかどうかを判断する前に、高校のカリキュラムが今どうなっているかを知ってもらわなければならない。
　しかし、さらにその前に立花の言わんとするところを、もう少し見ておこう。立花は別のところで次のように書いている。

　　日本語だけで教養の問題を議論すると、どうもうまくいかない部分がある。日本語の「教養」には、なんとなく幅の広い一般的知識という平面的なニュアンスがあり、いま述べたような、知のありかたの問題、知のダイナミズムの問題というニュアンスが抜けてしまうからである。

　また、彼は「ヴィルヘルム・マイスターの遍歴時代」（ゲーテ著）の次の部分を引用している。

　　きみたちの一般的な教養やそのためのすべての施設は道化芝居である。人間がある

一つのことを、周囲のほかの者にはなかなかできないほどに、根底から理解し、すぐれてなすということが大切なのだ。一つのことをよりよく知り行うということは、百のことに中途半端であるよりも、高い教養を与えるのである。(手塚富雄訳による)

さらに、立花は

フランスでは、リセの最終学年(日本の高等学校3年生)で、リセの教育の総仕上げとして、みっちり哲学をやるのである。文科系で週8時間、理科系で週3時間である。

と述べている。
　これらの文章から察するに、立花はけっして幅広い平板な知識の集積が良いとは言っていないようである。しかし、筆者には、上の「バランスよく幅広い知識を習得した」と、この「フランスでは、…」などとは、整合しないように感じられるのである。

<高校のカリキュラム>
　前置きが少し長くなったが、ここで高校のカリキュラムについて簡単に説明しよう。高校の授業時間については、学習指導要領の総則が、「単位については、1単位時間を50分とし、35単位時間の授業を1単位として計算することを標準とする」と定めている。各科目には標準とすべき単位数が、例えば、国語表現Ⅰは2単位、現代文は2単位などと定められている。体育の7-8単位を除くと、他は2から4単位である。各科目は1年間で履修してもよいし、2年あるいは3年に亘って分割履修しても良い。このような単位構成の結果、生徒は週当たりに12-14科目を履修することになる(各高校のホームページに教育課程が掲載されているので参照されたい)。
　これに対して米国などに留学していて復学してきた生徒の、留学中の履修科目を見ると5-6科目と、その少なさに驚かされる。これは留学生だからというわけではないらしい。例えば9th-12th gradeの生徒が通うWashington Senior High Schoolの卒業資格要件を見ると、生徒は4年間で計24 creditsを取得することが要求される。例えば科学は3 creditsである。grade 9で

Physical Sciences が 1 credit 開講される。この科目には、基礎的な物理、化学、地学が含まれていて、実質的には必修のようである。grades 10-12 の間に物理や生物等の 13 科目が開講される。科目の選択にあたっては、それまでに取っておかなければならない科目が指定されていたり、成績に制限があったりする。中には履修するのに教師の推薦が必要という科目もある。生徒はそのような、日本の高校の常識的な科目選択よりも遥かに多岐に渡る選択肢から、4 年間で 24 credits、1 年あたり平均 6 科目を選んで履修するようになっている。つまり、米国の高校生にくらべて日本の高校生は、より多種類の科目を同時に履修しているのである。

＜教養教育論議 2 ＞
　さて、このような日本の高校の実状と、上述の立花による『ヴィルヘルム・マイスターの遍歴時代』の引用部分、あるいはリセの最終学年生が履修する哲学云々とを考え合わせたとき、かつての高校では「バランスよく幅広い知識を修得した」のにという意見が、どのように整合するのかが筆者には分からない。「遍歴時代」と「リセの哲学」からは、履修科目を絞って、特定の科目についてより深い学習をすべき、という結論しか出てこないように思える。
　人が考える力を持っているかどうかは、いくつかの題材についてその人なりの考えを持っているかどうかによって判別できる。そして、対象が何にであるにせよ、ある程度それに深くかかわらなければ、自分なりの考えを持つことはできない。高校 2 年生から 3 年生にかけての、17-18 歳という時期は、関心が自分の周辺から離陸して広い世界に羽ばたいていかなければならない時期である。言わば知的な冒険に船出するべき時である。そのような時期にこそ、何かの題材についてじっくり考える時間を持ってもらいたい。しかし、一週間に十数科目を学習しなければならない日本の高校生は、とてもそのような時間を持つことはできない。
　およそ 10 年前にもなるが、オーストラリアから来日した人と高校での履修状況の話をしたことがあるが、やはりオーストラリアでも履修する科目数は日本の高校生よりかなり少ないようだった。それでは知識が特定の分野に偏るの

ではないかと問うと、彼女は、自分が知らないことを他人が知っていて、他人の知らないことを自分が知っていることによって、両者の間にコミュニケーションが成立する、という趣旨の答を返してきた。確かに、文系人間と理系人間も、それぞれがもつ知識と発想で協同して現実の問題にアプローチすれば、互いに共通点を持ち合うことができるだろう。問題は、そのような共通の場を持ち得るかどうかであって、持てる知識の違いそのものが問題なのではない。スノーは、互いに反目、あるいは馬鹿にし合って、共通した足場を持とうとしない知識人達に警告を与えたと理解すべきであろう。

　スノーの言説を文字通りにとって、だから高校時代に幅広い知識を得るべきであるとする主張は、しかし、大きな広がりと強さを持って支持されているようである。だが、幅広いだけの浅い知識では、異なった分野の人との共通の場に出向いたり、共通の場を自ら構築することはできない。知識が有効な力を持つためには、ある個人の知識の総体の核となる教養が必要なのである。高校の教育は、幅広い知識そのものではなく、幅広い知識を持ち得るための核を形成することに、主眼をおくべきである。

　このような筆者の議論に概ね賛成する人の中には、理系志望の高校生のための理科教育においてはある程度そのような事が言えても、文系志望の生徒のためには、やはり広く浅い理科的教養が必要だと考える人もいるだろう。しかし、筆者は逆に、文系志望生徒にとってのおそらく最後の正規の理科教育の機会に、雑多な知識ではなく、科学の営みとはどのようなものであるかに触れる機会を与えたい。そうすれば、将来多くの文系的な知識を身に付けても、理系の人達を軽蔑したり、逆に科学にコンプレックスを持ったりすることはないだろう。

5. 高大接続のあり方

　前節最後に述べた教育のあり方は、言わば筆者が考える理想的な教育のあり方である。現実には、第1、第2節で述べた教師の教育観と、生徒（おそらく保護者をも含めた）の学習観が壁となって立ちふさがる。彼らの教育観や学習

観を変える第一歩として、なにより入試制度が変わらなければならない。教師、生徒を問わず、最終的には、学習から得られる現世利益的な効果が、物を言うからである。

＜調査書の扱い＞

　戦後の高度成長時代に大学進学率が急増し、その受験地獄の軋みの中から共通1次試験制度が誕生した（1979年）。それに先立つ1970年に、高校紛争の苦い経験から全国高等学校長協会は、大学入試の改革を求める決議を行い、文部省（当事）に改革を要望した。それをきっかけの一つとして、国立大学協会が具体案の検討に入った。その校長協会の決議の柱の第一は調査書の尊重、第二は統一学力テストの実施、第三は各大学に入試改善に関する常置の機関を設置すること、であった。これらのうち、第二は共通1次試験として、また第三は大学入試センターの設置として、おそらくは校長協会が予想した以上の規模で実現した。しかし、校長協会が第一に挙げた「調査書の尊重」は、各大学に一任され、言わば棚上げされた格好で放置され、今日に至っている。

　調査書の扱いに関する問題は校長協会のみが指摘したわけではなく、第3節に紹介した1971年衆議院決算委員会におけるある議員の質問に対する文部省の審議官の返答の中にも、同様の指摘が見られる（下線は筆者）。

　　　その（改革の）内容は、御承知のとおりに、高等学校で勉強をまともにした生徒の学習成績がそのまま大学入学に高く評価されて、入学試験に通るための特別な練習、訓練を要するようなそういう選抜の方法というものを極力少なくするということが目標であるということをいたしております。そういう観点から考えますならば、高等学校の成績の評価の方法、その入試制度における活用の問題並びに各学校間のいろいろな格差といわれますものをどのように公平に選抜の場合に評価するか、かような観点から具体的な提案が出ております。（1971年決算委員会）

　このように30年以上も前から指摘されながら、入試資料として調査書が軽視されてきたのは、上の発言にもあるように高校の学校間格差がその大きな理由である。これが、公的な場であからさまに言われることは少ないようだが、

1977年4月19日の文教委員会では、議員側からこんな質問があった。

> それと、一次テストと二次テスト、それに学校の調査書を参考にするということですが、高等学校の内申書ですね。調査書をどの程度これを有効に活用するのかという問題があるわけですが、この高等学校の調査書を活用する方法なんですが、これは具体的に何かあるわけですか、いままでの大学入試においては余り利用されていないが。というのは、その高校内では比較はできるけれども、学校間になるともうこの調査書は比較にならないということで余り大学では活用してないように思うんですが、今度の三つの一次、二次、学校の調査書、これをどのように具体的に活用される方法があるのかどうか、考えておられるのかどうか、お聞きしたいと思います。

海部文部大臣（当時）はこの委員の質問に対して、

> 調査書は活用されると、こういうふうに考えます。具体的にどの程度どうだというようなことはそれぞれの学校において最終的には御判断なさることではなかろうかと考えております。

と答えている。そしてこの問題は、省みられることなく今日に至っている。

　高校から大学への接続の時点で、高校3年間の生徒の活動が適正に評価されるべきであることには、おそらく多くの人が同意するであろう。同時に、高校間格差のために調査書が、その評価資料が足りないことも明らかである。この矛盾こそが、今、克服されなければならない課題である。これをおいて、高大接続の入試という一点のみに、いくら工夫を凝らしても、入試が教育に良い影響を与えることはありえない、つまり、高校から大学への線で考えなければならないのである、と私は確信している。

＜試案：単位認定機構＞
　上述のように、各学校が独自に発行する調査書が、入試資料としての役割を果たせないとなると、可能な方策の一つは、科目ごとの公的な単位認定試験である。実施するとなると乗り越えなければならない障害は多々あるが、現実に数え切れないほど多種の検定試験が実施されていることを考えると、不可能な

ことではない。それには大学入試センターに代わる新たな組織が必要である。仮に「中等教育単位認定機構」と名づけて、新機構が満たすべき要件を順不同で挙げてみよう。

① 検定は論述式試験、ならびに高校が提出する資料によって行う。
② 試験は１科目ごと時間をかけて行う。
③ 高校は、該当科目に関して受験生が行った活動についての履歴書に、受験者の手になるエッセイ（論説、実験・調査レポート等）を添付して提出する。
④ 一度取得した単位は永続的に個人の資格となる。
⑤ 大学は単位認定機構が発行する証明書と、高校が発行する履修についての資料、および大学が独自に課す面接、思考力試験の結果によって受験者の選抜を行う。
⑥ 単位認定機構が認定した単位は、大学入試だけではなく、就職試験にも、本人の能力を証する資料として用いられる。
⑦ 単位認定機構内に、単位認定にあたる者の研修部門を設ける。
⑧ 問題の作成および結果の評価に、大学および高校の教員を充てる。
⑨ 全国を数ブロックに分けて、単位認定機構を組織し、通常はそれぞれ独立して業務に当たる。
⑩ 地方間の評価基準をそろえるために、単位認定機構連絡会議を設ける。

これまでのように大量生産的に受験生の能力を判定するのではなく、一人一人を丁寧に、時間と手間をかけて評価しなければならない。就職試験においても、単位認定試験の結果は有効に利用されるだろう。高校卒業後に一旦企業に就職した人も、改めて受験勉強をし直さなくても大学を受験することができる。

丁寧な評価を行うためには現在のセンター試験制度より、より多くの人材が必要である。高校からそれを得ようとすると、一極集中型の現制度では不可能である。また、単位認定機構が要求する学力を初等・中等教育の現場に周知徹

底するためには、教員に対する手厚い研修が必要である。全国を数ブロックに分けてそれぞれに単位認定機構を設けることによって、それらの条件を満たすことが可能になる。一極集中ではなく、分散型にすることは、この構想の中の非常に重要な部分である。

教育改革国民会議の報告書（2000年12月）には、高校卒業時の学習到達度試験の実施が提案されているが、同会議の委員の一人である藤田英典は次のように述べて、この提案に反対している。

> こうした資格試験的な制度は新たな社会的差別化の装置になりかねません。18才時点での教育資格が高卒資格と達成度試験合格という二つの資格として制度化することになり、大学に進学するかどうかに関わりなく、後者の資格（ないし大学入学資格）を持たない人は、労働市場等でも差別されることになりかねないからです。（「新時代の教育をどう構想するか－教育改革国民会議の残した課題」藤田英典著）

しかし、今日の日本のように高機能化した社会では、割り振られる仕事と個人の能力とは、必然的に無関係ではあり得ない。就職試験などの具体的な場面では、それが差別として意識されるが、差別化自身が悪いと言っていたのでは高機能社会を維持していくことはできない。問題は、どのような差別化が行われるかである。能力はあっても、経済的な理由で大学に行けなかったり、大学進学の意味を見いだせなかったりする生徒は多い。しかし、現状では個人の諸事情は考慮されることなく、単に大学に行ったか行かなかったかで、差別化が行われる。このような現状に比べると、単位認定試験によって個人の能力と努力が判定されて差別化が行われる方に、より高い合理性が認められるのではないだろうか。教育改革国民会議の報告が提言する「学習到達度試験」には、試験結果が現在の受験のための模擬試験のように偏差値化される恐れがある。その点においては、藤田の懸念は当を得ている。しかし、筆者がここで提案したいのは、高校で履修した科目の単位認定を行うことであって、到達度を1点刻みに序列化することではない。また、このような試験をもって「高校卒業資格試験」とすることにも、声を大にして反対したい。卒業を認めるかどうかは、各学校が総合的に判断するべき事柄である。「高校卒業資格試験」は、卒業資

図2

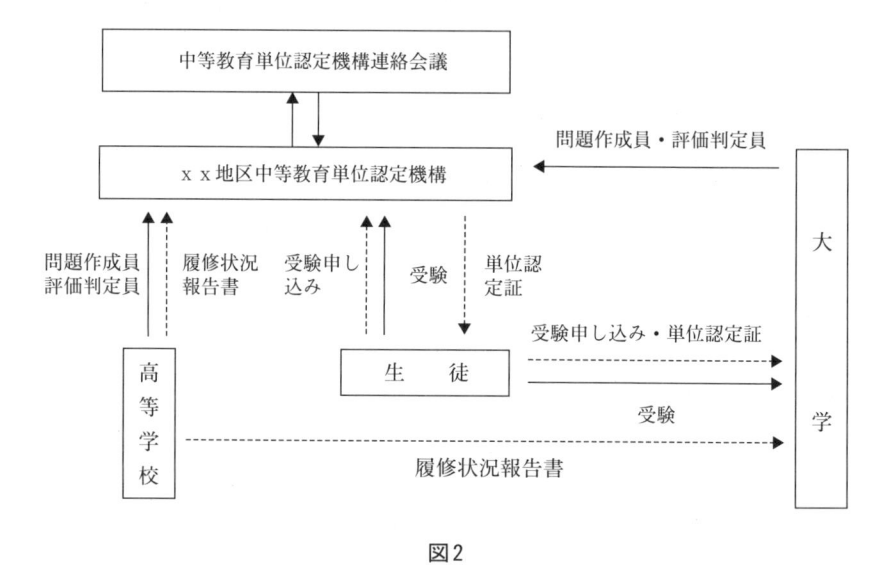

格の有無で若者を二分化する現状を強化するだけで、藤田が指摘するように弊害の方が大きいだろう。繰り返しになるが、ここで提案している試験は、あくまで高校卒業までに得た科目ごとの能力を証するためのものである。

　図2は、単位認定に関わる人員（実線）ならびに資料（破線）の流れである。学力検査は十分時間を掛けて行いたいので、高等学校を会場として1科目ずつ行うのが良いだろう。図にある「履修状況報告書」は、高校が各科目ごとに作成する。従来の調査書のような全ての科目についての評価が記号化されて記載されるようなものではなく、医師が作成するカルテのようなものをイメージしている。そこには生徒の学習評価とともに、シラバスや、それが理科の科目であれば、行った生徒実験、探求活動についての説明と評価などが記載される。科目によっては、生徒の手による研究報告書やエッセイを含めることを要求することも考えられる。大学は、単位認定証と履修状況報告書に加えて、面接や各種の能力試験によって選抜を行うことになる。

6. まとめ

　国際的な規模で行われた学力試験の分析結果から、日本の生徒たちは多面的に物事を捉えて論述する能力に課題がある、と指摘されている。筆者は、そのような能力を育てるという面で、今の初等・中等教育は満足のいくものではないと考えていたので、さもありなんとその指摘に頷くことができた。日本の教育の現状、別けてもセンター試験の存在が、教師と生徒を、思考力・論述力の育成を重視する教育から遠ざけている。この稿では、その影響の一端を、筆者自身の体験を通して述べた。1年でも早く入試制度が抜本的に改められなければ、今の歪んだ教育が再生産されていく。

　大学入試の初等・中等教育への影響の大きさは、いくら強調してもしすぎる事はない。入試制度を、単に高等教育にふさわしい人物を選択するための手段と捉える向きもあるが、入試の影響は高等教育だけに留まらない。初等・中等教育の担い手である教師の多くは、厳しい入試を潜り抜けてきた人達である。その過程で身に付けた学習観が、彼らの生涯に亘る学習観をかなりな程度決定づける。教師の持っている学習観が非常に狭い限られたものであるなら、彼らが行う教育も非常に狭い限られたものになる。かくして、大学入試制度の影響は、大学生に留まらず、全ての国民に及ぶ。

　もし、高大接続の1点だけを考えて、個々の大学がより優秀な学生を確保するために入試制度を細かく工夫するなら、おそらく、その影響は教育全体にはむしろ悪い結果をもたらすことになるだろう。国としてのしっかりした教育制度の中に、高大接続を組み込むことが不可欠である。ここで試案として述べたものに限らず、センター試験制度に代わる新たな機構を検討し、日本社会のインフラとして定着させなければならない。

　共通1次試験を実施する際には、国大協で7年間の検討期間を要したと言われているが、その結果としてある現行の制度を改革するのにも、同じか、あるいはそれ以上の期間が必要だろう。しかし、逆に言うと、10～15年の年月をかけて取り組む気になれば、決して夢物語ではないという

ことである。少子化が進む昨今である。教育に能率を要求する時代は終わった。一人一人の教育に、時間と手間と費用をかける教育を実現することが、焦眉(しょうび)の課題である。

センターテストの解答分析から分かること
―― 『物理』の場合を例に ――

勝木　渥（信州大学・元教授）

　センターテストは、莫大な経費と労力を費やしてなされている。「解答分析」という貴重なデータが四半世紀にわたって、全科目にわたって蓄積されている。それを大学入学者選別のための出題の参考資料としてだけでなく、高校教育の問題点の実証的点検と改善のための研究資料として活用することを提言する。

はじめに

　私はこのエッセイで≪大学入試センターには「解答分析」という膨大な、かつ高い潜在的価値を内包する資料が、1/4世紀にわたって蓄積されているから、それを中等教育の実証的な解明・実証的な点検評価のための資料として活用しよう≫と、日本の教育界に対して提言したいと思います。それは、この解答分析の資料を中等教育改善のために役立てることができたら、教育に携わる者にとってだけでなく、将来の生徒つまり教育受益者にとっても、有益なものとなりうるだろうと思うからです。
　「解答分析」という貴重な資料が存在することはあまり知られておらず、知っている人も、この資料が内包する高い潜在価値には思い及ばず、その事を自覚的に意識している者は、多分、私だけしかいないのではないかと思い、あえて一石を投ずる次第です。

1.　「解答分析」とは？

　私は、信州大学理学部物理学科に教授として在職中、1990年4月から1992年3月まで、大学入試センターの教科専門委員会物理部会の委員として、大学入試センターの仕事に係わりました（後半の1年間は物理部会長を務め、入試センターの教授に併任されました）。その仕事は『物理』の試験問題を作ることでした。そのとき、試験の科目ごとに「解答分析」という冊子になった資料が作られていて、各部会の部屋に、出題のための参考資料として、備えられていることを知りました。

　私が接しえた『物理』の「解答分析」は、『物理』の受験者全体を、物理の総得点順に、ほぼ人数の等しい5群に分け、各設問の各選択肢を、成績群ごとに、それぞれ何人・何%の者が選んだかを示したもので、正答およびある程度選択率の高かった誤答については、選択率のグラフも添えてありました。

　（当時の）『国立学校設置法』第9条の3には大学入試センターについて「大学の入学者の選抜に関し、……大学に入学を志願する者の高等学校の段階における基礎的な学習の達成の程度を判定することを主たる目的として大学が共同して実施することとする試験の問題の作成及び採点…業務を行う……」と規定してありました。この規定は、受験生個人の学習達成度の判定を念頭においたものですが、私は、「解答分析」はいわば《集団的な達成度の判定》のデータとして役立つのではあるまいか、この「解答分析」のデータに教育関係者が接することができれば、有意義な示唆と教育の点検・改善の手掛かりとを、そこから得ることができるであろう……、と思いました。

　ところが、そのデータには「㊙」の印が捺してありました。しかし、そのデータにアクセスできる立場にある者がその資料を用いて行った研究を公表することを禁じてはいないようでした。

　事実、当時既に近角聡信[1]が「昭和57年度『物理』」の「解答分析」に基づいた研究を『大学入試フォーラム』6号（1985）に発表していました。他の諸科目の同様な諸研究も『大学入試フォーラム』に載っていました。だとすれ

ば、私も同様の研究を行い、その中で資料を引用してこれを公開すれば、事実上「㊙」は解除され、教育関係者がそれに接することができるようになるかも知れない。こう考えて、近角研究ノートを参考にしながら「1989-91年度『物理』」の「解答分析」に基づく解析を行って『大学入試フォーラム』14号（1992）に発表し[2]、さらに1992年度の『物理』の解答分析に基づく同様の解析を「日本物理教育学会」の会誌『物理教育』41巻2号（1993）に発表[3]しました。これらの中で「解答分析」のデータを、意識的にふんだんに引用しました。それは、高校物理教育の問題に関心を持つ人々がその具体的・実証的研究のための資料として活用できるように、と考えたからです。その後も、1993-95年度の「解答分析」に基づく解析を（当時大阪市立大学理学部物質科学科の教授だった石井廣湖と共著で）『物理教育』43-1（1995）、43-4（1995）、44-2（1996）[4]に発表し、また関連エッセイや関連論文を、『日本物理学会誌』48-10（1993）[5]や『大学入試研究ジャーナル』No.4（1994）[6]、No.5（1995）[7]に単名または石井との共著で、発表してきました。

2. 「解答分析」のデータを用いた考察

「解答分析」のデータを用いて、高校物理教育の問題点を、例えば、次のような点から考察することができます。
  ア：基本法則・基礎事項がどれほど身についているか
  イ：式で表された内容を、言葉で表現できるか
  ウ：別々に習った個々の知識を関係づけて理解できているか
  エ：「物理」が、日常経験する物理的事象と、どの程度結びついているか

以下、これらの見地から、いくつかの事例について、検討してみます。

（1） 基本法則・基礎事項がどれほど身についているか

　一例として、1992（平成4）年度の『物理』の第1問を取り上げてみましょう。この第1問は、高校の物理の範囲を広くおおう、基本法則・基礎事項を組み合わせた文章題で、このような問題ばかりで一つの大問が構成されたのは、初めての試みでした。

　問題と解答群、正答と正答率をまず記し、ついで解答分析のデータに基づいて、検討・考察を試みます。

　第1問　次の文章a～hは物理学の基本法則・基本事項を述べたものである。文中の [　] に入れるのに最も適当なものを、それぞれの解答群のうちから一つずつ選べ。ただし、eについては解答の順序は問わない。

　a　物体に一定の力を加えたときに生ずる加速度は、その物体の [1] に反比例する。
　　　①変位　②速度　③質量　④運動量　⑤位置エネルギー
　　　⑥運動エネルギー
　　　　正答：③質量、正答率：90.2％

　b　2個の物体が非弾性衝突をしたとき、衝突の前後を比べると、運動エネルギーの和は保存されないが、[2] は保存される。
　　　①運動エネルギーの差　②速度の和　③速度の差　④運動量の和
　　　⑤運動量の差　⑥運動量の2乗の和　⑦運動量の2乗の差
　　　　正答：④運動量の和、正答率：83.5％（誤答選択率：⑤運動量の差5.5％）

　c　理想気体を圧縮するには、外部からの [3] が必要で、この圧縮が断熱的であるときは、気体の [4] は増加する。[3]、[4] の解答群
　　　①内部エネルギー　②位置エネルギー　③仕事　④比熱　⑤冷却　⑥熱
　　　　正答：[3] ③仕事、正答率：90.5％；
　　　　　　　[4] ①内部エネルギー、正答率：91.5％

　d　理想気体を等温的に圧縮するときは、気体から [5] の形でエネルギーが放出され、理想気体の [6] は変化しない。[5]、[6] の解答群
　　　①内部エネルギー　②位置エネルギー　③仕事　④比熱　⑤冷却　⑥熱
　　　　正答：[5] ⑥熱、正答率：63.5％（誤答選択率：③仕事25％）；
　　　　　　　[6] ①内部エネルギー、正答率：87.7％

　e　一様な磁界に垂直な平面内を運動する荷電粒子が、磁界から受ける力の大きさは、粒子の [7] と [8] の積に磁束密度の大きさをかけたものに等しい。

[7]、[8] の解答群
　　①加速度の大きさ　②運動量の大きさ　③速さ　④質量
　　⑤電荷の大きさ　⑥運動エネルギー　⑦円運動の半径
　　　正答：[7]・[8] ③速さ・⑤電荷の大きさ、正答率：82.0%

f　原子番号 Z の原子の中心にある、質量数 A の原子核は、電荷 [9] をもち、そのまわりにはおのおの [10] の電荷をもつ [11] 個の電子が存在する。ただし、e（＞0）を電気素量とする。[9]〜[11] の解答群
　　①Z　②A　③A－Z　④e　⑤－e　⑥Ze　⑦Ae　⑧－Ze
　　⑨－Ae
　　　正答：[9] ⑥Ze、正答率：49.2%（誤答選択率：④e 11%）；
　　　　　[10] ⑤－e、正答率：80.6%；
　　　　　[11] ①Z、正答率：70.5%（誤答選択率：③A－Z 15%）

g　原子核は [12] と [13] とからできている。[12] 間には静電的な斥力がはたらくのに原子核が安定であり得るのは、原子核を構成する粒子の間に [14] が強い引力としてはたらくからである。[12]〜[14] の解答群
　　①クーロン力　②ローレンツ力　③核力　④電子　⑤陽子　⑥中性子
　　⑦ヘリウム原子核　⑧同位体　⑨電磁波
　　　正答：[12] ⑤陽子、正答率：86.8%（誤答選択率：④電子 7.6%、⑥中性子 4.3%）；
　　　　　[13] ⑥中性子、正答率：87.8%（誤答選択率：⑤陽子 8.8%）；
　　　　　[14] ③核力、正答率：53.2%（誤答選択率：①クーロン力 31%、②ローレンツ力 9.3%）

h　原子核が β 崩壊をして [15] を放出すると、原子核の中では [16] の数が一つ減り [17] の数が一つ増すことが、電荷保存の法則から推論できる。[15]〜[17] の解答群
　　①電子　②陽子　③中性子　④ヘリウム原子核　⑤同位体　⑥電磁波
　　　正答：[15] ①電子、正答率：64.3%（誤答選択率：⑥電磁波 15%；③中性子 6.8%；②陽子 5.6%）；
　　　　　[16] ③中性子、正答率：43.4%（誤答選択率：②陽子 40%、①電子 14%）；
　　　　　[17] ②陽子、正答率：48.6%（誤答選択率：③中性子 36%；①電子 12%）

　この解答状況を概観してまず気付くことは、原子・原子核に対する基本知識の欠如です。原子核の電荷を正しく答えた者が 49%、核のまわりの電子の数

の正解者が70%、核子間の引力は核力であると正答した者が53%、β崩壊のさいに電子が放出されることを正しく答えた者が64%、そのさい核の中では中性子が減り陽子が増えることを正しく答えた者は、前者で43%、後者で49%でした。

高校での物理の進度との関連で、センター試験で原子分野から出題することは好ましくないとの声が特に高校側に高く、それに押されてかセンター試験の本試験では1990、91年度には原子分野からの出題がありませんでした（追試験では出題されていますが）。このようなことから、ひょっとすると「センター試験には原子分野からは出題されない」との思い込みが生じて、原子・原子核のごく基本的なことさえも勉強しないという状況になっていたのかも知れません。しかし、日本が原子爆弾被爆国であること、原子力発電問題が一つの社会問題（社会的争点）として存在すること等を考えるとき、「高校での物理の進度」を主たる論拠としてセンター試験の対象分野から原子分野を除くことは、視野の狭い・間違ったことであると私は思います。

原子分野以外で出来の悪かったのは、d 理想気体の等温圧縮のさい、気体から《熱》の形でエネルギーが放出されるということを答えさせる問題でした。教科書などでは「気体を温度一定のまま圧縮する」などとは書かれていても、そのさい熱源と接触させておくことが必要であることは、鮮明に印象に残るようには書かれていません。多分、授業でもそのことは強調されていないのだろうと想像します。しかし、系と熱源の関係は、生命と環境の関係を考えるときの基本的な思考の枠組みを提供するものでもあります。熱源の意義をはっきり生徒に印象づけるような授業が必要であると私は考えます。

（2） 式で表された内容を、言葉で表現できるか

つぎに、「式で表された内容を、言葉で表現できるか」ということについて検討してみましょう。一例として、1991（平成3）年度『物理』の第1問、力学の問題の中の問1を取り上げてみます。それは、次のような問題でした。

第1問 水平なグラウンドで、図1のように、一点Oから小さなボールを水平面との角度θの方向に、速さv_0で投げ上げた。ボールは点Pではねかえり、点Qに達した。O、P、Qは一直線上にあった。Oを座標の原点とし、OからPの向きにx軸を、鉛直上向きにy軸をとり、ボールの位置の座標を(x, y)とする。ボールの質量をm、重力の加速度をgとし、空気の影響は無視しうるものとする。下の問い(問1～6)の答えを、それぞれの解答群のうちから一つずつ選べ。(ここでは図は省略します。)

A OP間でのボールの運動について考えよう。

問1 次の文中の[1]～[5]にあてはまる語または式の係数を、下の解答群のうちから一つずつ選べ。

ボールのx方向の運動は[1]であるから、投げ上げられてからの時間をtとすると、次の式が成立つ。

x=[2]t

また、yの方向の運動は[3]であり、次の式が成立つ。

y=[4]t-[5]t^2

[1]～[5]の解答群

①等速運動、②単振動、③等速円運動、④等加速度運動、⑤(1/2)g、⑥g、⑦(3/2)g、⑧0、⑨v_0、⑩$v_0\sinθ$、⑪$v_0\cosθ$、⑫$v_0\tanθ$

つまりこの問題は、θ方向に投げ上げたボールの、水平方向(x方向)の運動と鉛直方向(y方向)の運動について、それらの運動を表す《言葉》と《式》とを選ぶ問題でした。

それの正答率は、成績群ごと・設問番号ごとの一覧表にしてみると、下表の通りでした。

表1

	成績群別・設問別正答率(%)				
	最下位	下位	中位	上位	最上位
言葉(等速運動)[1]	90.00	96.63	97.34	98.64	98.63
式 [2]	83.37	97.18	99.01	99.63	99.83
言葉(等加速度運動)[3]	82.03	93.83	96.20	98.43	98.68
式 [4]	79.30	95.84	98.31	99.26	99.50
式 [5]	89.21	96.15	97.23	98.48	98.73

表1を見て気付くことは、「等速運動」とか「等加速度運動」とかの言葉を選ぶ問題の出来より、x＝$v_0\cos\theta t$、y＝$v_0\sin\theta t-(1/2)gt^2$ などの式を選ぶ問題の出来の方が、最下位群を除き、わずか（1％内外）ながら、良いということです。この差が有意の差であるか否か、僅差なので断定はしがたいですが、私には有意の差であるように思われます。

（3） 別々に習った個々の知識を関係づけて理解できているか

1993（平成5）年度『物理』の第1問は、このことを検討するのにぴったりの内容でした。その問題文を以下に掲げます。

第1問　下の問いA（問1）、B（問2～5）に答えよ。
　A　次の問い（問1）の文中 [1] ～ [4] の中に入れるのに、最も適した語句を解答群のうちから一つずつ選べ。ただし、同じものを繰り返し選んではいけない。
　問1　物体の運動について考えよう。
　　　花子と太郎が、物体の運動の勢いをどのようにして表したらよいかについて議論した。太郎は「物体の運動と逆向きに一定の力を働かせて、物体が止まるまでの時間を測り、その時間と力の大きさを掛けたものを目安にすればよい」と主張した。花子は「それよりも、太郎君と同じように一定の力を働かせて、物体が止まるまでの距離を測り、その距離と大きさを掛けたものを目安にするほうがよい」と主張した。
　　　それを聞いて先生は「太郎君は物体を止めるために必要な [1] を、また、花子さんは物体が静止するまでに物体が力にさからってする [2] を目安として考えているわけだ。つまり、太郎君は物体の [3] で、花子さんは物体の [4] で運動の勢いを表そうとしているんだよ」と説明した。[1] ～ [4] の解答群
　　　①移動距離、②速さ、③加速度、④質量、⑤運動量、⑥運動エネルギー、⑦位置エネルギー、⑧圧力、⑨力積、⑩仕事
　B　次の問い（問2～5）のそれぞ二つの文（ア、イ）について、正（○）、誤（×）の組み合わせとして正しいものを、下の解答群の表中の①～④のうちから一つずつ選べ。
　問2　電荷や電流の間に働く力について考えよう。[5]
　　　ア．同種の電荷の間には斥力が働き、異種の電荷の間には引力が働く。

イ．2本の平行な直線電流の間には、ともに同じ向きに電流が流れていると斥力が働き、互に逆向きに電流が流れていると引力が働く。

問3　1気圧のもとで、次の熱現象について考えよう。[6]

ア．同じ質量の水と銅を加熱して同じ熱量を与えたとき、水の温度上昇のほうが銅の温度上昇より大きい。

イ．一定量の水を0℃から熱して100℃の熱湯にするのに必要な熱量より、その熱湯を100℃の水蒸気にするのに必要な熱量のほうが大きい。

問4　理想気体の分子の運動について考えよう。[7]

ア．ある温度での、気体分子の平均の運動エネルギーは、分子の質量が大きい気体ほど大きい。

イ．容積一定の容器に入れられた一定量の気体が壁に及ぼす圧力は、気体分子の平均の運動エネルギーに比例する。

問5　原子核の変化について考えよう。[8]

ア．半減期15時間のNa原子核の数は45時間後には元の数の1/8になる。

イ．陽子と中性子の質量の和は、それらが結合してできる重水素原子核の質量より大きい。[5]～[8]の解答群

	ア	イ
①	○	○
②	○	×
③	×	○
④	×	×

　問題文から分かるように、この問題は高校の物理の広い範囲にわたって基本的な事項を問う文章問題群で、高校生花子と太郎の物体の"運動の勢い"をどのように表したら良いかをめぐる討論を素材にして、運動量と力積、運動エネルギーと仕事についての理解の深さを問う中問Aと、2つの類似・近縁現象について述べた2つの命題の正誤について問う中問Bよりなっており、設問のいずれも、物理概念ないし物理事象の定性的理解を問うものでありました。

　問1の解答分布を百分率で表した結果を、一覧表にまとめてみると下のようになります。太字の数値は正解率です。誤答はそれを選択した者が5％以上いたものを示してあります。

表2

問1「花子と太郎の問答」の解答分布（％）（太字は正解率）

	⑨力積	⑩仕事	⑤運動量	⑥運動エネルギー	①移動距離	②速さ	⑦位置エネルギー
[1]	**62.7**	5.7	16.5	5.8			
[2]		**71.4**	5.9	7.0	8.0		
[3]	20.8	15.0	**53.8**	10.2		5.9	
[4]				**49.8**	13.1		6.5

　第1問Aは、基礎的な物理概念に関するものでした。物質の運動を表す量として、運動量と運動エネルギーの両者があることを学んだとき、自分の頭で物を考えようとする生徒が抱いたであろう「質量と速度が分かっていればどちらも求められるのに、なぜ別々の2つの量があるのだろう」という疑問への1つの解答でもありうるような内容であり、易しい基本的なことについてしっかり思いをめぐらすことを奨励するような問題であるということができましょう。運動の大きさの目安は、運動する物体を止めようとする力を働かせ、止まるまでの力と時間の積、または力と距離の積で表すことにすれば良いとの、日常感覚と結びついた議論を花子と太郎にさせ、そこに先生を登場させて、それが、力積と仕事に他ならぬことを示して、それを運動量と運動エネルギーに結びつけるという構成になっています。

　表2に見られるように、この中問Aの出来は、それが問うているのが基礎的概念についての理解であることを思うとき、芳しくありませんでした。中問Aの得点率（59.3％）は、もっと難しいはずの第2問（円錐振子の錘りが水平な台の上で等速円運動をするときの、錘りの運動と錘りが台から受ける抗力の関係を材料にして、力学の基本事項の理解と式の計算力、および、力学的事象の定性的な把握力を見ようとする問題）の得点率64.35％より低かったのです。これは物理概念の定性的理解よりも所与の公式に基づく計算に、高校物理教育の力点が置かれているのではないかと、私を憂慮せしめるものでした。

　第1問B問2の解答分布を百分率で表した結果を、一覧表にまとめてみると表3のようになります。太字の数値は正解率です。

表3

問2（電荷と電流）[5]	②	①	③	④	選択率（％）
ア．電荷間の力	○	○	×	×	○：96.1
イ．電流間の力	×	○	○	×	×：63.5
選択率（％）	62.1	34.0	2.4	1.4	
問3（物質の熱的性質）[6]	③	④	②	①	選択率（％）
ア．比熱、水＜銅	×	×	○	○	×：76.7
イ．水の気化熱	○	×	×	○	○：42.1
選択率（％）	33.0	43.7	14.0	9.1	
問4（分子運動）[7]	③	①	②	④	選択率（％）
ア．運動エネルギー	×	○	○	×	×：53.2
イ．圧力	○	○	×	×	○：81.2
選択率（％）	44.5	36.7	10.0	8.7	
問5（原子核の変化）[8]	①	②	④	③	選択率（％）
ア．半減期	○	○	×	×	○：80.6
イ．質量：p＋n＞D	○	×	×	○	○：47.7
選択率（％）	39.1	41.5	10.7	8.6	

　第1問Bは、物理事象の定性的理解に関するものですが、そこにあげられた命題をあえて大別すれば、物理量の定義ないしそれに近いことに関するもの（[5]ア、[8]ア）と、物理法則およびそれからの帰結に関するもの（[5]イ、[7]ア、イ、[8]イ）と、物の性質に関するもの（[6]ア、イ）に分けられます。このBの得点率は44.71％でした。

　AとBの配点（A＝8点、B＝12点）を考慮した重みつき平均得点率は50.55％でした。第1問の得点率がこのように低いことは、従来の大学入試が、従ってそれへ備えての高校物理教育の大勢が、計算のみを重視してきたことの反映でありましょう。「結果は出せても意味は良く分かっていない」――これが計算問題では正答に含まれうるのです。

　表3に示された解答状況について、順次考察してみましょう。

[5]　ア「同種電荷間には斥力、異種電荷間には引力が働く」、イ「同方向電流間には斥力、反対方向電流間には引力が働く」

　表3に見られるように、解答状況は、誤答①（○○）34.0％；正答②（○×）62.2％；誤答③（×○）2.4％；誤答④（××）1.4％というものでした。
　同種電荷間の斥力、異種電荷間の引力は96％（②と①の和）の者が知っていました。他方、平行電流間の力については、この問題のような問い方をされると、63％（②と④の和）の者しか正しく答えられませんでした。結局この問題の正誤は平行電流間の力に対する正誤によって実質的には決まったといえます。（このような出題の場合、部分点を与えるべきだとの見解もあるかも知れませんが、この問題の場合、電荷間の力から単純に類推的に考えたのと、実際の電流間の力は逆だという対比の面白さからみて、部分点がない方が出題の意図にかなうように私は思います。）

　　[6]　ア「水の比熱は銅の比熱より小さい（ことに相当）」、イ「沸点での水の気化熱は、0℃の水を100℃にするのに必要な熱量より大きい」

　表3に見られるように、解答状況は、誤答①（○○）9.1％；誤答②（○×）14.0％；正答③（×○）33.0％；誤答④（××）43.7％というものでした。正答率はほぼ1/3という低さで、正答③よりも誤答④の選択率が上回っているのです。
　水と銅の比熱の大小関係は、77％（③と④の和）の者が知っていました。他方、水の気化熱の大きさについては、42％（①と③の和）の者しか知らなかったのです。
　水の気化熱の大きさについての（定性的）知識の欠如は、物理教育の問題点を露わにしています。すなわち、物理が日常的事象と切り離されていること；水の気化熱の群を抜いた大きさは環境理解の重要な鍵になるのに、それに物理が注意を向けていないこと；また水の気化熱が飛び抜けて大きいことは、水の分子の平均の運動エネルギーを増すことよりも、分子間の引力を振り切る方がずっと多くのエネルギーを必要とすることを示しており、それを水のミクロな

構造と結びつけて物性的物理への興味を引き起こすことも不可能ではないのに、物理教育はそのようには進められていないこと；等々。

[7] ア「ある温度での気体分子の平均の運動エネルギーは、分子の質量が大きいほど大きい」、イ「定容積での気体の圧力は気体分子の平均の運動エネルギーに比例する」

表3に見られるように、解答状況は、誤答①（○○）36.7％；誤答②（○×）10.0％；正答③（×○）44.51％；誤答④（××）8.7％というものであって、正答率は1/2を下回りました。

ある温度での分子の平均運動エネルギーが分子の質量に依らないことを、53％（③と④の和）の者しか知りませんでした。他方、定容積の気体の圧力が分子の平均運動エネルギーに比例することは、81％（①と③の和）の者が知っていました。

気体分子運動論から得られる $PV=Nm<v^2>/3$ とボイル・シャルルの法則 $PV=RT$ とを結びつけることによって $\varepsilon=(1/2)m<v^2>=(3/2)kT$ が得られますが、このとき気体分子の質量が陽には現れなくなることをしっかりとは意識していないために、アのような問い方をされると、あやふやになり、半数近くのもの（①+②=47％）が誤ったのでしょう。他方、イの方は $PV=Nm<v^2>/3$ の右辺が運動エネルギーに比例することから、すぐ $P \propto \varepsilon$ が得られます。

[8] ア「半減期15時間の原子核の数は、45時間後には1/8になる」、イ「陽子と中性子の質量の和は、重水素原子核の質量より大きい」

表3に見られるように、解答状況は、正答①（○○）39.1％；誤答②（○×）41.5％；誤答③（×○）8.6％；誤答④（××）10.7％というものであって、正答率は4割弱でした。

半減期のことは、①と②の和、81％の者が理解していました。他方、質量欠損のことは、48％（①と③の和）の者しか知りませんでした。

問2［5］におけるlと同様、片方の難問の正誤が、この設問の正誤を左右しました。日常生活においても、理科の多くの分野においても、質量保存則は成り立っており、質量欠損はこの常識を破るものであること、さらに教科書の最末頁の辺りの内容であることが、この問題の正答率を低めたかも知れません。

上の事実から分かるように、第1問の正答率は低いものでした。中でも正答率が低かったのは、物質の性質を問う問3［6］でした。この問題については、次節で再論します。

問2［5］〜問5［8］は"2問直列型"の設問で、どちらかを間違えると点が取れないから、部分点を与えるべきだとの見解がありえましょう。このような採点技術上の問題としてではなく、"2問直列型"の設問の持つ原理的・積極的意義を指摘しておきたいと思います。それは、"単なる"知識をいくつか対比・関連させながら集めるとき、それは"単なる知識"を超えたものとなる、ということであり、"2問直列型"の設問は、対比的な、あるいは、関連がある事項を、互いに対比・関連させながら（個別的・孤立的にではなく）眺め、頭に入れる、という態度を奨励することに通じる出題形式であるということです。採点技術上の問題は、"2問直列型"設問のこのような性格と関連させながら論じられなければなりません。この見地から問題にされるべきことは、出された設問が、このような性格を持つべき"2問直列型"設問として、相応しいか否かということでありましょう。

（4）「物理」が、日常経験する物理的事象と、どの程度結びついているか

「物理」が、「日常経験する物理的事象と、どの程度結びついているか」ということの検討の例として、前節で論じた1993年度『物理』の第1問B問3を取り上げてみましょう。

ア．は「金属は熱しやすく冷めやすい」という日常的経験を踏まえたもの、
イ．は「水の気化熱は非常に大きい」という日常的経験を踏まえたもの、
つまり、日常の身の回りにあるものの性質に関するものでした。

結果は、前節で示したように、惨憺たるものでした。この問題を単なる暗記問題ととらえて批判する見解もままあるように見受けられますが、むしろ、物

理が物理法則を重視するあまり、具体的な物質や自然現象から離れすぎる傾向があった——化学・生物・地学が物質や生物や地球を具体的に扱っているのと対照的である——ことへの反省材料とすべきでありましょう。物質の物性に関する具体的知識の重要性の過小評価が、理学部物理学科学生の通弊的傾向として存在していると、私は在職中、ずっと実感していました。

別の例として、1992（平成4）年度の物理の第2問、力学の問題の中の問4を取り上げてみましょう。
その問題文は次のようなものでした。

第2問　図1のように、軽い伸びない糸の一端に質量ｍの小球Ａをつけ、他端を天井に固定した振り子がある。はじめ、Ａは最下点にあって、水平面Ｓ上に置かれた質量Ｍの小物体Ｂと接触して、静止していた。糸がたるまないようにして、Ａを高さｈまで持ち上げ、静かに放し、最下点でＢと衝突させる。この衝突は完全弾性衝突であり、一回しか起こさないようにする。この衝突をさせたところ、Ｂは動き出し、Ｓ上をある距離だけ移動して止まった。面ＳとＢとの間の動摩擦係数をμとし、重力加速度の大きさをｇとして、次の問い（問1〜4）の答えをそれぞれの解答群のうちから一つずつ選べ。

問1　衝突直前のＡの速さｖはいくらか。ｖ＝[18]（解答群、省略）

問2　衝突直後のＡの速さｖの速さｖ′とＢの速さＶは、それぞれｖの何倍か。ｖ′/ｖ＝[19]、Ｖ/ｖ＝[20]（解答群、省略）

問3　衝突後、Ｂが止まるまでに移動した距離を、Ｖを用いて表せ。[21]（解答群、省略）

問4　小物体Ｂの質量Ｍのみを変えて、他の条件は変えずに、同じ実験を繰り返す。次の項目（ア）〜（ウ）につき、下の記述①〜⑤のうちから正しいものを選んで文章を完成せよ。
　　（ア）衝突によりＢが得るエネルギーの大きさは　[22]
　　（イ）衝突によりＢが得る運動量の大きさは　　　[23]
　　（ウ）衝突後、Ｂが止まるまでに移動する距離は　[24]
　　[22]、[23]、[24]の解答群
　　　①Ｍの大きさには無関係である。
　　　②Ｍが大きいほど大きい。
　　　③Ｍが小さいほど大きい。
　　　④Ｍがｍと等しいとき最大である。
　　　⑤Ｍがｍと等しいとき最小である。

問1〜4（[19]〜[24]）の正答率を百分率で表してみると、次のようになります。

表4

[18]	[19]	[20]	[21]	[22]	[23]	[24]
94.2	71.4	68.5	79.71	23.3	33.7	71.2

一見してすぐ分かるように、[22]、[23]の出来が極めてよくありません。そこで、[22]〜[24]については、選択率が5％を超えた誤答の選択率を含めて、一覧表にしてみます。解答番号を伴う太字の数値が正答率です。

表5

	① 無関係	② 大ほど大	③ 小ほど大	④ M＝m：最大	⑤ M＝m：最小
[22]	36	13	24	④ 23.3	
[23]	21	② 33.7	16	23	
[24]	12		③ 71.2	10	

この問4、とりわけ設問[22]（正答率23％）、[23]（正答率34％）の出来の悪さについて、問題作成部会は、これらは「予想を極めて大幅に下回った」と述べています。問題作成部会によれば、「出題者側の意図は、教室で物理の衝突の問題を習ったら、廊下や体育館で野球のボール同士を衝突させてみたり、サッカーボールと野球ボールとを衝突させてみたりするという光景を想定し、そのような日常物理現象をおもしろがる風潮を奨励するような出題でありうるのではないか、というところにあった」[8]とのことです。私は、[22]では、静止したパチンコ玉にパチンコ玉をぶつけるとき、ぶつかった方が止まって、ぶつけられた方が走りだす場面がすぐ思い浮かび、ほとんど反射的に正答を選びました。[23]も、動かない壁に玉をぶつければ、玉の運動量の変化が最大になることを思い浮かべ、ほとんど直観的に正答を選びました。問4は、物理的センスを見るのに良い問題だったと思います。（このような見地か

らは、問1〜問3の流れの延長上に問4を置くのでなく、問4を、問3までと切り離した独立の問題として設定した方が、良かったかも知れません。）

　これらの出来が極めて悪かったということは、概して高校の物理教育が、自然の物理的側面について知りそれを学習するというよりは、"約束事"にしたがって"物理の素材"を取り扱う（計算する）「教室物理学」であることを示しているように思われます（慶応大学日吉校舎で開かれた1992年春の物理学会年会の教育分科ポスターセッションで、「二重振り子によるカオス」の発表がありました。発表者は、二重振り子の実物と計算機シミュレーションの両方を用意して発表をしていましたが、聞き手・見手の関心はもっぱら計算機シミュレーションにあったようで、多くの人が表示盤上の輝点の運動に感嘆していました。実物の二重振り子の腕の長さを変えたりして、その奇妙な動きを面白がっていたのは、ほとんど私だけでした。多くの物理教師にとっても、実物よりシミュレーションの方が面白いのかも知れません）。

3.　結　び

　前章で詳しく解析してみせたように、大学入試センターの資料「解答分析」には、中等教育の実体について、実証的な研究を通じて批判的に把握し、その改善を図る上で役に立つデータが数多く埋蔵されています。

　このエッセイでは成績群別選択率には触れませんでしたが、解答分析は、全ての選択肢の、成績群別選択者数と選択者率が挙げられているので、ある程度選択率の高かった誤答については、なぜその誤答を選んだかを推理・推測することによって、教え方への示唆を得ることも出来るでしょう。文末に掲げた勝木および勝木・石井の論文では、それをも含めた解析がなされています。

　このエッセイでは『物理』の「解答分析」に基づく議論を展開してきましたが、他の科目についても「解答分析」に基づいて、同様の議論が展開できるでしょう。

　センターテストは、莫大な経費と労力を費やしてなされてきました。その過

程で、極めて高い潜在価値を持つ貴重なデータ「解答分析」が四半世紀にわたって、全科目にわたって蓄積されてきているのです。それを大学入学者選別のための出題の参考資料としてだけではなく、高校教育の問題点の実証的点検と改善のための研究資料として活用することを提言したいと思います。

今や「大学全入時代」が到来しつつある、という状況は、センターテストの入学者選抜のための役割の低下をもたらし、費用対効果の視点から、大学入試センターは、早晩、廃止ないし機能・規模の大縮小が避けられないであろうと（確たる証拠があるわけではありませんが）予想されます。

そうなったとき、解答分析の資料が、破棄・紛失・解読不能状態に陥る、等の状況が発生するかもしれません。「解答分析」の資料は、1970年代末期以降の中等教育の状況の実証的研究にとって、まことに貴重な資料です。この資料が、大学入試センターがどのような命運を辿ろうとも、貴重な教育史資料として、有効に利用されうる状況を、ぜひ持続させたいと切望します。

引用・参考文献

1) 近角聡信：『大学入試フォーラム』No.6（1985）84-93
2) 勝木渥：『大学入試フォーラム』No.14（1992）3-34
3) 勝木渥：『物理教育』41-2（1993）231-242
4) 勝木渥、石井廣湖：『物理教育』43-1（1995）114-126；43-4（1995）434-443；44-2（1996）196-204
5) 勝木渥：『日本物理学会誌』48-10（1993）818-820
6) 勝木渥：『大学入試研究ジャーナル』No.4（1994）20-25
7) 勝木渥、石井廣湖：『大学入試研究ジャーナル』No.5（1995）62-69
8) 「物理」問題作成部会の見解：『平成4年度大学入試センター試験―実施結果と試験問題に関する意見・評価―』（大学入試センター、1992.7月）346-353

教育観とセンター試験

探究力が育つシステムをめざして

樋口真須人（大阪府立狭山高校・教頭）

1. はじめに

　21世紀社会を生き抜く市民の育成へ向け、科学教育には、高度な思考力と創造性の育成が期待されている。学習指導要領では、観察・実験を通して探究活動を行い、科学的に自然を調べる方法を身につけるなど、探究する態度を育てると共に、問題解決能力を育成することを求めているが、児童・生徒の科学的探究能力を系統的に育成するためには、探究活動を指導する教員が探究に必要なスキルの内容とその発達に対して共通の認識を持ち、発達段階に対応した評価と指導を行うことが必要である。同時に、教育現場で探究活動をより系統的に、より活発に実施する上で、センターテストのような重要なテストが探究に関する設問や課題を課すことは極めて重要である。
　英国では、「科学的な探究」(scientific enquiry) を物理、化学、生物と並ぶ領域と位置づけ、段階的な到達目標を定め、義務教育機関全体を通じて科学的な探究能力の計画的な育成を生徒の到達状況を評価することで目標を達成しようとしている。特に、義務教育終了時（16歳）に実施されるGCSE (General Certificate of Secondary Education 中等教育修了一般資格) の科学の試験において「科学的な探究」を行うことを義務づけていることが、実践的な探究力を確実に向上させることに役立っていると考えられている。
　筆者は英国のGCSE科学における探究活動を中心とした調査を行い、大阪府教育センターにおいて、平成14年度から英国の探究能力の育成方法の紹介

と探究活動のあり方を考える研修（主として小学校教諭と中学校理科教諭が対象）を実施した。その経験を基にして、我が国において、探究力が育つシステムを整えて行くための課題（①「探究的な学習」の明確化、②探究力を育てる試験の在り方、③探究力を育てるための教員研修の在り方）を報告し、センターテストの果たす役割を考えていきたい。

2. 我が国の「探究的な学習」をより明確に

・英国における『科学的な探究』

　科学の学習において、探究活動は重要な学習方法の一つであるが、我が国では、探究活動とは何か、どのように指導するかについて、理科教員の間で共通理解が十分には形成されていない。

　一方、英国の科学のナショナルカリキュラム[1]は、『科学的な探究』、『生命過程と生物』（Life processes and living things）、『物質とその性質』（Materials and their properties）、『物理的な過程』（Physical processes）の4つの領域から構成されており、生物学、化学、物理学と並び、『科学的な探究』は大きな領域の一つとなっていることに特色があり、このことから英国において科学的な探究が重要視されていることが分かる。

　生徒が修得する「探究スキル」は、次の4つである。

① 計画（Planning）

　探究を考案し、計画する。適切な探究の戦略を選択する際、科学的な知識や理解を利用する。

② 根拠の入手とその提示（Obtaining and presenting evidence）

　適切な研究方法を示す。安全への配慮、実技を含む。適切な精度のデータを得て、適切に記録する。

③ データの考察（Considering evidence）

　データを解釈し、得られた根拠に矛盾しない結論を導く。分かったことを説明する際、科学的な知識や理解を利用する。

④ 評価（Evaluating）
　データと探究方法を評価する。

　英国で重視されている『科学的な探究』の主要な特徴は、「ある量を変化させ、その変化が他に与える影響を測定すること」であるが、表1で示されているように、義務教育を通して系統的に指導されている。

表1　義務教育の各段階における『科学的な探究』

キーステージ1 （5歳～7歳）	キーステージ2 （7歳～11歳）	キーステージ3 （11歳～14歳）	キーステージ4 （14歳～16歳）
科学の考え方と根拠 探究スキル ・計画 ・証拠の入手と提示 ・証拠の考察と評価	科学の考え方と根拠 探究スキル ・計画 ・証拠の入手と提示 ・証拠の考察と評価	科学の考え方と根拠 探究スキル ・計画 ・証拠の入手と提示 ・証拠の考察 ・評価	科学の考え方と根拠 探究スキル ・計画 ・証拠の入手と提示 ・証拠の考察 ・評価

・『科学的な探究』と到達目標

　ナショナルカリキュラムには、レベル1～8、卓越したレベルの9段階の到達目標が設定されている。11歳時に大多数の児童の達成が期待されているレベル4の「科学的な探究」の到達目標を表2に示しておく。
　英国で、『科学的な探究』は『生命過程と生物』、『物質とその性質』、『物理的な過程』と並ぶ領域となっているが、アメリカの科学のナショナルスタンダード[2]でも、『探究としての科学』（Science as inquiry）は、8領域のうちの一つとなっており、カルフォルニア州のスタンダード[3]では、『探究と実験』（Investigation and Experimentation）は、『物理』、『化学』、『生物』、『地学』と並ぶ一つの領域となっている。
　我が国の教育現場において「探究的な学習」がこれまで以上に活発に行われるようにするためには、より明確に「探究的な学習」を位置づけることが必要である。

表2 『科学的な探究』の到達目標（レベル4）

レベル4	・科学の概念が根拠に基づいていることを理解している。 ・探究において、問題解決のために、適切なやり方（例；正しい実験）を決めることができる。 ・課題の解決方法、他の要因を一定に保ちながら一つの要因を変化させる方法を、適切に、説明し、示すことができる。 ・適切に、予想を立てることができる。 ・与えられた情報源から、必要な情報を取捨選択することができる。 ・適切な実験装置を選択し、課題に適した一連の観察と測定を行える。 ・表と棒グラフを用いて、観察結果、比較、測定結果を記録することができる。 ・測定結果をプロットして簡単なグラフを描ける。描いたグラフからデータに見られる傾向を指摘し、解釈することができる。 ・データにおける傾向や科学知識・理解を用いて結論を導き、その結論を適切な科学用語を用いて伝えることができる。 ・理由を示して、探究において改善すべき点を提案することができる。

3. 探究力を育てる試験とは？

（1） GCSE科学の試験

GCSE試験[4]は、英国で義務教育修了時（16歳）において実施される資格試験である。GCSE試験は、資格授与機関（イングランドでは主として3つの資格授与機関がある）により独立して実施されるが、難易度や評価が異ならないようにするためにナショナルカリキュラムや「国の基準」に基づき、QCA（The Qualifications and Curriculum Authority 資格カリキュラム機関）の監督を受けている。

ナショナルカリキュラムや「国の基準」は各教科・科目の必要不可欠なコアと運営方法を定めているが、資格授与機関の独自な試みを認める柔軟性も持っている。そのため同じ科目でも複数の種類の試験が行われている。受験者は試験の成績により、A～G（7段階でAが最も難度が高い）の資格が与えられるが、Gのレベルに達しなかった受験者には資格が与えられない。ほとんどの生

徒は、英語、数学、科学の GCSE 試験を受験する。また、デザイン、テクノロジー、外国語、IT、地理学、芸術を受験する生徒も多い。

ナショナルカリキュラムで示されている教育目標を達成しているかどうかが、筆記試験とコースワーク（「科学的な探究」）で多面的に調べられる。資格授与機関によって試験の形式は多少異なっている。いずれの資格授与機関も受験者の能力を評価するために、十分な試験時間を設け、多様な記述問題を出題するなどの工夫を凝らしている。参考のために、資格授与機関の一つである OCR（Oxford Cambridge and RSA Examinations）が行っている GCSE の資格が二資格取得できる総合科学の試験形式の一例を表3に示しておく。[5]

表3　総合科学の試験形式の例

種類	分野	試験時間	配分
筆記試験1	生命過程と生物	90分	26.7%
筆記試験2	物質とその性質	90分	26.7%
筆記試験3	物理的な過程	90分	26.7%
コースワーク	科学的な探究		20%

（資格授与機関 OCR より）

（2）　コースワーク「科学的な探究」

英国において、コースワークは一般的には授業中に取り組む学習課題のことを意味している。資格試験におけるコースワークは、生徒が授業や宿題で取り組み、担当教員が評価するパフォーマンス課題であり、ほとんどの科目で取り入れられており、筆記試験では測れないスキルを測ろうとするものである。GCSE 科学の試験においても、筆記試験では測ることが容易ではない探究スキルの測定が重視されており、コースワークとして探究活動を行うことが義務づけられ、探究の配点が総点の 20%[6] となることが決められている。生徒は所属している学校で科学の授業の一部として探究を行い、担当の教員は、「計画」、「根拠の入手とその提示」、「データの考察」、「評価」に区分された探究スキルの修得状況により、探究活動の評価を行う。その評価方法は、資格授与機

関により詳細に示されている。また資格授与機関は、公平な評価のために、詳細な評価基準や事例集の配布、探究レポートのチェックなどを行っている。

資格授与機関は様々な探究課題の例示を行っており、資格授与機関の一つであるEdexcelが例示した探究課題が表4に示してある。[7] それぞれの探究課題には、活動内容の紹介、事前に必要な知識、必要な技能、評価法などが示されている。なお、公平性を確保できるなら、必ずしもこの中から課題を選ばなくても良い。

表4 探究課題の例

①	植物組織における浸透に影響を与える要因の探究
②	異なる食物におけるエネルギー成分の探究
③	過酸化水素水溶液に入れたトマトの酸素発生量とその表面積との関係の探究
④	運動の効果・カフェインの心拍数に与える効果・脈拍の探究
⑤	マグネシウムリボンと塩酸との反応での濃度変化の効果の探究
⑥	砂糖や食塩の溶解性についての探究
⑦	アルコールの燃焼の探究
⑧	導線の電気抵抗の探究
⑨	コースの高さが台車の平均速度に与える影響の探究
⑩	振り子の振動に与える要因の探究
⑪	ばねに加わった力とばねの伸びとの関係の探究
⑫	ヘリコプターモデルの探究

（Edexcelより）

＜コースワーク「科学的な探究」の評価法＞

ナショナルカリキュラムと「GCSE科学に対する国の基準」に基づき、資格授与機関が共同で研究活動の具体的な評価手順（採点基準と採点方法）を定めており、担当の教員は、探究スキルの修得状況により、探究活動の評価を行う。生徒が作成した探究レポートは、「計画」、「証拠の入手」、「証拠の分析」の領域はそれぞれ8点満点、「評価」の領域は6点満点で評価される。この評価方法は長年の協議の末設定されたものである。探究スキルの評価基準（ルーブリック）[8] を表5に示しておく。

表5 『探究スキル』の評価基準

計画

得点	スキルの内容
2点	・簡単で安全な手順を計画できる。
4点	・正しいテスト、実験手順を計画できる。適切に予想を立てることができる。 ・適切な器具を選択できる。
6点	・科学的な知識と理解に基づいて、実験手順を計画し、変化させる量と一定に保つべき量など、考慮すべき要因を見つけ、適切に結果を予想することができる。 ・観察や測定の適切な回数や範囲を決めることができる。
8点	・詳細な科学的な知識・理解を使って、適切な戦略を立てることができる。正確で信頼できる証拠を集める必要性を配慮し、予測の根拠を適切に示す。 ・適切に、二次的な情報源や予備実験の情報を使うことができる。

証拠の入手

得点	スキルの内容
2点	・簡単な器具を安全に使い、観察と測定を行える。
4点	・活動に十分な観察や測定を適切に行うことができる。 ・観察結果や測定結果を記録することができる。
6点	・系統的で正確な観察や測定を行い、必要に応じて繰り返すことができる。 ・観察や測定を分かりやすく正確に記録できる。
8点	・精度の高い器具や技術を使い、信頼できる証拠を記録することができる。証拠には、適切な回数と範囲の観察・測定が含まれていること。

（3） 探究に関する筆記試験の実施

　英国で科学のナショナルテストが始まった当初は、実践的な学習とスキルの評価は筆記テストではなく教員による評価の方が良いとされていたため、筆記テストでは問われなかった。しかし科学的な探究をより強調された授業が行われることを促進させようとして、2003年度からナショナルテストにおいて『科学的な探究』のスキルを用いる設問を課すようになった[9]。

表5 （続き）

得点	証拠の分析 スキルの内容
2点	・分かったことを簡単に説明できる。
4点	・簡単な表・図・グラフを使って、観察結果・実験結果を提示することができる。 ・観察や測定の結果に現れた傾向や規則性を見つけることができる。
6点	・適切な図・表・グラフ（最適な線で）を作成する。結論を導き出すためのデータ加工ができる。その際、数値を利用する方法を用いても良い。 ・実験結果と矛盾しない結論を導き、科学的な知識・理解と結びつけることができる。
8点	・詳細な科学的な知識・理解を使い、加工したデータから確かな結論を導き出すことができる。 ・実験結果が、いかに予想を確かめたか、あるいは覆したかを説明することができる。

得点	評価 スキルの内容
2点	・手続きや証拠について適切なコメントができる。
4点	・特異なデータに気がつき、観察や測定結果の精度についてコメントすることができる。 ・実験手続きの適切性について、適切にコメントできる。根拠の信頼性を改善する方法について提案できる。
6点	・特異なデータを説明し、根拠の信頼性についてコメントできる。 あるいは、信頼できる結論を導くのに十分な根拠があるかどうか説明できる。 ・さらに証拠をつけ加え、探究を広げるために、改善すべき点や発展研究を提案できる。

　筆記テストでは全ての探究スキルを評価することはできないが、探究活動をより系統的に、より活発に実施する上で、筆記テストが果たす役割は大きい。我が国においてもセンターテストが探究に関する設問を課すことにより、教育現場において探究活動が活性化すると考えられる。

　キーステージ2（7～11歳）の「科学的な探究」に関する設問例[10]を表6、表7に示しておく。

表6 設問例1

[買い物袋]

a) 子どもたちは、5種類の買い物袋を使って、袋が壊れるまで耐えられる最大の質量を調べています。子どもたちは、袋が壊れるまで、0.5kgの砂のパックを加えています。子どもたちが調べようとしているテーマは、次のうち、どれですか？ 正しい答えを一つ選びなさい。

　ⅰ) 一番大きな袋はどれですか？
　ⅱ) 一番長持ちしないのはどれですか？
　ⅲ) 運びやすいのはどれですか？
　ⅳ) 最も大きな質量に耐えられる袋はどれですか？
　ⅴ) 一番伸びる袋はどれですか？

b) 子どもたちは、kg単位で袋が壊れる直前の質量を記録しました。

袋が耐えることができる質量（kg）

	スーパー	マート	セイバー	バジェット	オーケー
テスト1	4	3	7	8.5	6
テスト2	1	3.5	7.5	8	6
テスト3	4	3	7.5	8	6

おのおのの袋について、3回ずつテストした理由を答えなさい。

c) ① ある袋の実験結果が正しくないようです。再テストを行った方がよい袋はどれですか？

　② その理由を説明しなさい。

d) ある子どもは、バジェットの袋が一番強いと主張しています。
　① バジェットの袋が一番強いと決定するのに十分な実験結果がそろっていますか？正しい答えを一つ選びなさい。

　　ⅰ) はい　　　　　　ⅱ) いいえ

　② その理由を説明しなさい。

表7　設問例2

> 〔成長〕
> 今、授業で植物の成長について様々な探究を行っています。
> あなたは、独自の探究の計画を立てることを求められており、様々な肥料、種、水、その他必要な器具を使うことができます。
> 以下の設問に答える前に、まず自分が実施できる探究を考えておいてください。
> あなたが実施する探究について、以下の設問に答えなさい。
>
> （a）　あなたは探究でどのような要因を変化させようとしていますか。
> （b）　結果を集めるために、どのような要因を観察または測定しようとしていますか。
> （c）　調べようとしている要因の測定方法を説明しなさい。
> （d）　正しい実験をするために一定に保たなければいけない要因を一つ書きなさい。

4.　探究力を育てるための教員研修の実施

　英国では、コースワークに対する教員の評価を統一するために、GCSEの資格授与機関は評価者トレーニングを中心としたグループモデレーション（教員研修）を実施している。このグループモデレーションを参考として、大阪府教育センターにおいて、平成14年度から2年間にわたって教員研修を実施した。この研修は、英国の探究能力の育成法を紹介し、GCSEの方法に従った探究活動を行い、英国で育成が図られている科学的探究能力とはどのようなものであるかを考えることを目標としていた。平成15年度に実施した研修の概要を表8に示す。

・評価者トレーニングについて

　探究活動には、「論理的な思考ができる」や「証拠に基づいた結論を導くことができる」などのスキルが含まれており、このような高次のスキルは、正解・誤りのような2分法的な評価が難しく、ルーブリックを利用した評価方法が適していると考えられている。ルーブリックを使用すると、①評価がより客観的で系統的なものになる、②評価基準を事前に示すことにより、児童生徒がより

表8 教員研修の概要

<第一日目> ルーブリック（評価基準）と探究力の育成について
① 教育評価について
② 英国の探究活動
・ナショナルカリキュラムにおける「科学的な探究」について
・探究に関する設問を使用した問題演習
③ GCSE 科学のコースワーク
・「科学的な探究」の評価について
・探究レポートの作成の要点
④ 評価者トレーニング
・サンプルの採点練習
・グループでの検討

<第二日目> GCSE 科学の探究活動の模擬体験
① 「振り子」をテーマにした探究活動
② 探究レポートの作成

<第三日目> まとめ
① 探究レポートの検討

　明確な目標を持って学習ができるなどの利点があるが、評価者（教員）による評価の違いをなくするのは容易ではない。そのため、評価者の評価スキルを高めるための研修が必要である。

　表5のルーブリックで簡単に示されているレベルの特徴だけでは、公平な採点を実施することは困難である。そのため資格授与機関が作成した指導資料を利用して、研修生に対して事前にレベルの特徴について詳しい説明を加えたが、研修生はレベルの特徴の意味を把握するのに苦労していた。

　評価者トレーニングを十分に成功させるためには、熟達したトレーナーと適切な事例集が必要であろう。この研修では、資格授与機関がホームページに掲載している探究レポートのサンプル[11]を教材として用い、以下のような手順で実施した。

<評価者トレーニングの実施手順>
（ⅰ）研修生一人一人がサンプルを読み、評価基準に従って、採点を行う。
（ⅱ）採点結果について、グループ（3～4名）内で討議を行い、グループとして結論を出す。
（ⅲ）グループの結論を報告した後に、資格授与機関が例示している採点結果と比較を行う。
（ⅳ）ルーブリックを利用した評価などについて意見を交換する。

・探究活動の模擬体験について

　自然科学においては、教員が評価基準とともに探究スキルを共有していることが重要であるので、GCSE科学の探究活動の模擬体験を実施することにより、探究スキルの修得をめざした。模擬探究活動は、以下の手順で実施したが、「振り子の研究」というなじみのあるテーマを選択したことも幸いし、各グループは評価基準を十分に意識したレポートを作成した。一例として、研修生が作成したレポートの一部（「計画」の部分）を表9に示しておく。

<模擬探究活動の実施手順>
（ⅰ）探究レポートの作成の要点の説明。
（ⅱ）グループ（3～4名）で探究活動を実施。
（ⅲ）GCSEのコースワークの評価基準に従い、探究レポートを作成する。
（ⅳ）他グループの探究レポートの優れた点、改善が必要な点を評価基準に基づき、グループ内で議論を行う。
（ⅴ）自分たちが作成した報告書と模範レポートと比較し、意見を交換する。

　ある研修生（小学校教諭）は、研修を振り返って「英国では、きっちりと実験を行い、科学的思考を育成することに力を入れていることが理解できた。特に、探究レポートを評価基準に従って評価していることに感心し、参考となった。ただ、内容が高度であるので、小学校、中学校、高校の段階に応じた手引

表9 探究レポートの例

振り子の研究

探究者氏名

1. 計画
(1) 目的
　　単振り子の長さが周期に与える影響について

(2) 変数
　　独 立 変 数：糸の長さ
　　従 属 変 数：20回の振動にかかる時間
　　一定に保つ変数：振れ幅、おもりの質量、空気の抵抗、重力

(3) 予想
振り子の長さが増加するに従って、振り子の周期も増加すると考える。その理由は、振れ幅を同じにしたときに、振り子の長さが長いほど最高点での位置エネルギーが小さくなるからである。最高点での位置エネルギーが小さくなると、最下点での速さは小さくなり、振り子が往復にかかる時間（周期）は長くなると予想される。

(4) 方法
① 全ての実験器具を集める。
② おもりの質量を測定する。
③ おもりを糸に結びつけ、実験装置を組む。
④ 分度器を使って振れ幅を一定の角度に保つ。
⑤ ストップウォッチを使って20回の振動にかかる時間を測定し、記録する。なお測定は、振り子が最下点を通過するときに行う。
⑥ 信頼性を高めるために、5回繰り返す。
⑦ 糸の長さを変えて、測定を行う。

実験器具のリスト
　　糸、スタンド、分度器、ものさし、ストップウオッチ、おもり

危険性の評価
　　危険な内容は含まれていない。

変数表

従属変数	測定値	測定方法
周期	20回の振動にかかる時間を測定。一つの糸の長さについて5回繰り返す。	デジタルストップウオッチ
独立変数		
糸の長さ	20〜160 cmまで（20 cm刻みで）	物差し
一定に保つ変数		
振幅	小さい（10°以下）	分度器
質量	10 g	電子天秤
空気の抵抗	極めて小さい	
重力	9.8 N/kg	

(5) 予備実験のデータ

① おもりの質量を変化させる

質量を4.2倍にしたが、時間に対してほとんど影響が無かった。

長さ (cm)	質量 (g)	振幅 (cm)	時間（振動回数は20回）(s)
50	67.9	10	28.42
50	287.6	10	28.23

② 振幅を変化させる

振幅を3倍にしたが、時間に対してほとんど影響が無かった。

長さ (cm)	質量 (g)	振幅 (cm)	時間（振動回数は20回）(s)
50	67.9	10	28.42
50	67.9	30	28.45

③ 長さを変化させる

長さを4倍にしたら、時間は約2倍となった。

長さ (cm)	質量 (g)	振幅 (cm)	時間（振動回数は20回）(s)
20	67.9	10	17.71
80	67.9	10	35.84

①、②から、振れ幅とおもりの重さは、周期には影響しないことが分かった。そこで、単振り子の長さと周期の関係について、振れ幅とおもりの重さを一定にし、実験を行うこととした。

以下省略

き、評価基準等を作成すれば、我が国の理科教育に生かせるだろう。」と感想を述べている。

　研修において、GCSEのグループモデレーションを参考とした評価者トレーニングを研修生に対して実施したが、十分な説明のための時間が取れなかったこともあり、各グループの採点結果は必ずしも資格授与機関が示した模範の採点結果と一致しなかった。基準に従って採点することは簡単ではなく、習熟するまでにはかなりの時間がかかる。そのため、分かりやすく共有しやすい評価基準の開発、豊富な事例集、情報の提供、効果的なトレーニング（教員研修）などの支援システムの構築が必要である。英国では、QCA、ナショナルカリキュラム、資格授与機関等のホームページで指導資料、評価事例等、様々な情報提供を教員、児童生徒等に対して行っている。我が国においても、インターネット等を利用して、探究力の育成を支援するシステムを充実させることが必要であろう。

5.　おわりに

　6年前に、香港の教育委員会、校長を中心とした訪問団が大阪府教育センターを訪れた折、元校長が代表して香港の教育事情を次のように報告した。「これまでの古い産業は、大陸へ移ってしまう。これからは新しいものを生み出すための教育が大事である。そのためには、知識だけではなく、問題解決力、学び方を学ばせることが重要である。」

　香港のおかれている状況は、我が国がおかれている状況と似ており、香港の訪問団が示した危機感は、我が国でも多くの人々によって共有されている。今後、高度な思考力と創造性の育成をどのように組織的に行っていくかが、香港と我が国の共通の課題となっているといえるだろう。

　探究力や問題解決力といった「高次の学力」を育て、そのための評価を行うためには、多肢選択問題だけでは不十分で、様々な評価法を組み合わせて用いる必要がある。我が国の評価システムのかなめであるセンターテストが、今

後、段階的に記述式の問題、パフォーマンス課題（探究レポート、小論文等）を取り入れて、考える力の育成を保障する機関としての役割を強めて行くことを要望したい。

引用・参考文献
1) ナショナルカリキュラム http://www.nc.uk.net/
2) National Science Education Standards, National Academy Press, (1995) p.111
3) Science Content Standards for California Public Schools
   http://www.cde.ca.gov/board/pdf/science.pdf
4) 2006年から新しいGCSE試験が開始されているが、本報ではそれ以前に実施されたシステムを中心に紹介している。2006年からのシステムについては、「科学的リテラシーを目指す英国の義務教育改革」笠 潤平 物理教育 第54号 第1号（2006）で紹介されている。
5) OCR Teacher Support：Coursework Guidance Booklet（2001）
6) 2006年から実施されている新しいGCSE科学ではコースワークの配点が33%に増加している。
7) Edexcel：the coursework guidance booklet, Managing the Assessment of Sc1（2000）
8) OCR Teacher Support：Coursework Guidance Booklet（2001）
9) 「英国における科学的探究能力育成のカリキュラムに関する調査」, 小倉康, p.38（2004）
10) QCA（資格カリキュラム機関）のホームページ http://www.qca.org.uk/
11) OCR Teacher Support：Coursework Guidance Booklet（2001）

フィンランドの教育に学ぶ
──平等と卓越の保持──

中嶋　博（早稲田大学名誉教授）

はじめに

　北欧の一角を占めるフィンランドは、かねてからIT先進国として知られていたが、今世紀に入ってから世界の注目を集めている。とくに世界経済フォーラム（本部ジュネーブ）の発表によると、国際競争力は近年連続して世界一。さらにOECD/PISA調査で、15歳児の学力が2000年調査で顕著な成績を示し、続く2003年調査で、文字通り世界一とされるに至ったのである。
　しかもこれが、'自由'と'福祉'の福祉社会を背景としたものであり、競争の原理ではなく協働の原理による教育、さらに知識時代を見据えての高等教育・研究への投資が実を結んでいることが見落とされてはならない。（庄井良信・中嶋博編著；フィンランドに学ぶ教育と学力、明石書店、2005年参照）
　これからの教育観と教育制度、そしてその中における大学入試のあり方を考える上で、フィンランドは一つのモデルを提供しているように思われ、あえてそのいくつかの側面にメスを入れてみることにする。

1.　OECD/PISAで学力世界一、とその要因

　周知のように、OECD/PISAの2003年調査は、41か国と地域が参加して行われ、その結果は2004年12月に公表された。(OECD: Learning for

Tomorrow's World: First Results from PISA 2003, Paris, 2004）

　ここでフィンランドは、読解力で１位、数学的リテラシーで２位、科学的リテラシーで１位、問題解決能力で同列２位と断トツの成績を示し、文字通り'学力世界一'の国と呼ばれるに至った。

　ところでフィンランド教育省は、この成果は'総合制教育の勝利'と断じた上で、その要因として11か条を挙げているが、以下に示してみる。

　○居住地、性別、経済的状況や母語の如何を問わず教育に平等の機会、○地方での教育へのアクセスの容易さ、○性差別の皆無、○教育が全体的に無償、○総合的・非選別的な基礎教育、○支援的で柔軟な管理（全体の中央集権的助言と地方での実施）、○すべてのレベルにおける課業の相互関連的協働的方法、○学習への個人的支援と生徒の福祉、○発達志向評価と生徒による評価（テストもなく序列リストもない）、○高度の資質を備えた主体的教師、○社会‐構成主義学習概念。

　さてこれだけを見ただけでも、我が国の目指している改革路線と逆であることが分かるが、好成績を収めた最大の要因として、下位層の割合が少ないことが挙げられよう。

　その一つとして、2003年調査で読解力の場合６段階で評価されているが、最下位の'レベル１未満'（335点未満）の生徒が全体に占める割合が、加盟国平均6.7％に対して1.1％という少なさ。またその調査の中心分野である数学的リテラシーでは、最上位の'レベル６'は日本の8.2％に対して6.7％と上位層が低いのに２位を占めたのは、日本と比べて'レベル１未満'や'レベル１'など習熟度の低い生徒が極めて少ないことに帰因しているといえよう。

　つまり落ちこぼれをなくし、底上げを計ることが学力水準を高める最大の要因と考えられるが、この国はその努力を重ねてきていることが見落とされてはならない。具体的には、少人数学級制の上にグループ学習による助け合い学習、LDでなく、読みの遅い子ども、計算の苦手な子どもに対応できる特別支援教師の制度があり、教科・クラス担任、スクール・カウンセラーと共に協力して成果を挙げていることにも言及しておく必要があろう。

　また我が国では、PISAを新国際学力テストとして応用力を測ったものとと

らえているが、フィンランド政府は、今回の好成績を発表するに当たっても、'これは現在のカリキュラムの得点を示したものではなく、未来社会に必要とされる重要な知識と技能をどれだけ修得したかを測ったもの'（OECD/PISA2003: Young Finns among the OECD Top in Learning Outcome）ととらえて発表しており、とらえ方がまことに正確であることも付言しておく必要があろう。

2. 平等の拡大による卓越の保持

　OECDの対芬教育審査報告の第1回は、1982年に公刊されているが、それに先立って前年にOECDにフィンランド教育省によって提出された背景報告の最初のところで、同国の教育政策の主目的は、'教育的・社会的平等の促進にある'と断じ、'その目的を達成すべくフィンランドは、すべての年齢層が、無償で統一的なカリキュラムでの9年制の基礎教育を受けるすべての者に共通な総合制学校制度を採用してきた'（OECD; Reviews of National Politics for Education: Finland, Paris, 1982, p.99）としている。PISAの成功要因が、総合制教育にあるとしているのと軌を一にしている。

　現に2003年、時の教育相のマイヤ・ラスク女史は、インタビューに答えて、'フィンランドの教育の基本は平等に教育を受けられることですから、なるべく皆が一緒に席を並べて授業を受けられるように努力しています'（'Suomi' フィンランドの教育特集、2003年3月、04ページ）と述べている。

　また、さきの教育相のトゥーラ・ハータイネン女史が2005年来日時の記念講演「学校教育指導の質を上げる」で、この国の社会は平等の原理によって支えられており、'フィンランドの教育政策の基本は平等です'（社団法人日本フィンランド協会『フィンランド・テーブル第2集』2006年、149ページ）と断じている。

　そしてそれはまた、1998年に改正され翌年施行された基礎学校法第2条に、教育は文化を促進し、社会と生涯を通して発展する教育その他への参加への生

徒の前提条件の平等を促進するものとする。第3条に教育の目的は、国中を通して、教育における適正な公正を確保するために努力すること、としていることと符合する。

ところで、フィンランドの教育の基本原理は平等であるとしたさきのハータイネン教育相の講演の主題が「学校教育指導の質を上げる」であったことに注目したい。

すなわちこの国の教育政策は、平等化の一層の促進によって、卓越性が確保されるという原理に基づいているのに気づかされるのである。

実はこれは、フィンランドの発明というよりは、一足先に、すなわち1962年に隣国スウェーデンが9年制の総合制学校を設立したが、その産みの親ともいうべき、当時ストックホルム大学教授で現名誉教授、IEA（国際教育到達度評価学会）名誉会長の Torsten Husén 博士の理論によるものである。

フセーン教授は王立科学アカデミー会員として各種学校改革委員会にかかわってきたが、その一つにフィンランドからヘルシンキ大学主任教授の Matti Koskenniemi 博士に応援してもらったものもある。それだけではなく、「北欧教育学雑誌」は両氏の共同編集によって1957年に発足したものであり、両者の仲の良さは世間でも知られていた。そしてフセーン教授の著書のいくつかは芬語にも訳され教育界で知らない者はなかった。

このフセーン教授の存在と学説をさらに大きくクローズ・アップさせたものに、1960年の 'Loss of Talent in Selective School System : The Case of Sweden'（"Comparative Education Review" No.4, 1960, pp.70-74）がある。また1961年にスウェーデンが主催国になってのOECDのセミナー 'Ability and Educational Opportunity' での注目された発表、'Educational Structure and the Development of Ability'。さらに1962年の英文著書 'Problems of Differentiation in Swedish Compulsory Schooling' が、フィンランドの教育学会と教育界に与えた衝撃は一方ならぬものがあった。（1962-63年現地でもこのことを実感した。）

そしてその総括篇ともいうべきものに、1969年に26年に亘る追跡研究の成果である 'Talent, Opportunity and Career: A Twenty-six year follow-up

1500 individuals, Stockholm' が公刊され決定的となったといえる。
　その理論を一口にいうならば、それは、平等化の拡大による卓越性の保持である。なお同教授は、しばしば日本を訪問され講演もされているが、富士山の高さは、幅広い裾野があって可能なものと、底辺を拡げることの大切なことを、戦後の日本の6・3制が教育のレベルを引き下げているとの批判的な見解に対して、例え話として引き合いにだされ反論されていた。
　フィンランド教育の平等主義は、このフセーン教授の理論が、ヘルシンキ大学の Matti Koskenniemi 教授によって受け継がれ、学校改革委員会委員長の学校管理庁長官 R. H. Oittinen 博士の理解とリーダーシップによって総合制教育が結実し、今日に至っているといえよう。

3. 自己発見・形成の理論の場としての高校

　ここでフィンランドの総合制教育が、1968年の国会で法案が通過し、1972～77年の5か年かけて全土に7歳就学で6・3制の基礎学校（peruskoulu）が設立し、今世紀に入る直前に9年一貫制のものとなっていることをまず断っておく。
　さて9か年の基礎学校を終えて（任意の10年制のコースもあり、帰国子女その他補習の必要を生徒自らと親が感じた場合にこのコースをとる）、殆どのものが後期中等教育に進むが、それは大学入学試験に備える普通高校（lukio）と職業学校（ammatikoulu）に分かれる。
　2000年の統計では、前者に37,000人、後者に59,000人、4:6の比率で進学しているが、近時のニュースによれば、ほぼ拮抗しているとのこと。
　なおこれまで、ある一定の上位成績を基礎学校で収めれば、高校への進学が可能であったが、2004年の基礎学校学習指導要領改訂により2006年より、7段階評価（4－不可、5, 6, 7, 8, 9, 10）で8（優）以上が求められるところとなった。
　いずれにせよ、1998年公布、翌99年施行の普通高等学校法によれば、'普

通後期中等教育の目的は、継続教育、労働生活、個人的興味そして人格の多面的発達に必要とされる知識と技能を生徒に提供することによって、善良で均衡のとれた教養ある個人、社会の成員として、生徒の発達を促進させることにある。さらに教育は、生涯に亘っての生涯学習の機会と自己発展の機会を支援するものとする'とされている。

さてこの高校は3か年課程ではあるが、2～4年と幅をもたせてあり、能力・適性・興味によってモジュール方式による自己組み立て学習が1982年から導入されている。そして最低75単位、最高85.5単位を習得し、大学入学資格試験に合格して、卒業することが出来るものとなっている。

カリキュラムの内容は、我が国の大学の教養課程のそれに匹敵するものとなっていることは、文科系で宗教・倫理のほかに哲学、心理学が配されていることによっても分かるが、我が国や米国の高校修了者に大学への入学資格を与えることなく、高校での第2学年から2か年の履修を要求していることによっても分かる。

各教科は必修コースと特殊コースから成っているが、具体的に理科系の生物学の場合についてみると、次のようになっているのを知る。まず必修コースとして、1.有機界、2.細胞と遺伝、3.環境生態学、4.人間生物学、5.バイオテクノロジーの5つのコースが要求されている。

そして特殊コースとして5.バイオテクノロジーを選択する場合は、○細胞の極限構造と細胞間のコミュニケーション、○プロティン・メーカーとしての細胞、○遺伝子の機能、○遺伝子工学とその機会、○微生物とその意義、○産業バイオテクノロジー、○動植物飼育、○遺伝子工学における倫理と法制、のそれぞれの履修が求められている。

なおこの普通高校にはクラブ活動のようなものがなく、専ら理論研鑽の場として、また自らが教科目の組み立てを行う、自己発見・形成の場となっているが、卒業するには、大学入学資格試験が待ち受けているのである。

4. 知的エリートへの途——大学入学資格試験

　在日フィンランド大使館が後援している雑誌 'Suomi' 2005年2月号によれば、32,500人が高校卒業試験でもある大学入学資格試験に合格し、北欧大学生のシンボルである白い帽子が授与されたとのこと。フィンランドでは、この白い帽子を手にすることは大変名誉であり、地元紙にもその名が発表され、各家庭では親戚、友人を招いて盛大なパーティーが開かれると記してある。またヘルシンキでは、5月末の卒業式の後、各学校毎に都心のセナート広場に集合し、隊列を組んで市中行進、市民の祝福を受け、独立の英雄マンネルハイム将軍と無名戦士の墓に詣で、祖国への忠誠を誓う行事があることも見落とせない。

　いずれにせよ、この '大学入学資格試験'（ylioppilastutkinto）に合格することは、知的エリートの証拠であり、高校時代に研鑽に努めた結果として報われたものでもある。

　しかも以前は、優（laudatur）、良（cum laude approbatur）、可（approbatur）の3段階で評価がなされ、それが大学入試委員会委員長のサイン入りの証書に記されていたが、1985年からは5段階に、さらに1998年からは0234567の7段階評価に改められ今日に至っている。

　試験は毎年、秋と春の2回行われ、これまで必修科目として母語、第二公用語、外国語の3科目、さらに選択科目として数学もしくは一般教養のいずれかという4科目に合格することが求められていた。ところがこれが、2005年春からは、必修科目である母語1科目と選択科目3科目という枠組みへと変更したのであった。これに対し、6％のスウェーデン語系住民はスウェーデン語が選択になったことに失望し反対を表明している反面、EU加盟後高まっている他の外国語の修得、さらに選択の幅の拡大を歓迎する声も高い。

　なお試験は、大学入学資格試験委員会によって行われる筆記試験と各高校で行われる口述試験から成る。具体的に哲学・心理学で良く出題されるものに、「E. Kailaの『人格』（Persoonallisuus, 1934）について論ぜよ」があるよう

に、記述によるいわゆる論文体テストが中心で、真の学力を測るものとなっていることに注目したい。

さらに各大学各学科で、独自の選抜試験があり（詳細については、拙稿「フィンランド」中島直忠編『世界の大学入試』時事通信社、昭61、336-343ページ参照）、教員養成学部の場合は、この数十年間、平均して10倍の倍率の激戦となっており、大学入学資格試験成績のよほど上位得点者でないと、出願さえ覚つかない。

5. 高等教育の拡大と質の保持

ところでここで問題にされるのは、そうした知的エリートとされる高等教育の進学者と出身家庭の社会層の関係である。幸いなことにフィンランドは北欧の中では比較的労働者階層にも門戸が開かれていた方であるが、近時の高等教育の大衆化の波は一層それを促進させるところとなっている。

ちなみに次の数値は、1925年と1980年の出身社会階層別割合をパーセントで示したものである。高級官吏42-31、中級官吏33-28、技術労働者13-19、未熟練労働者1-3、農業9-18、不明2-1（Ministry of Education; Higher Education and Research in Finland, 1988, p. 20）。そして今日では、出身社会階層差は問題とされないまでに至っている。

フィンランドの高等教育は、第2次大戦前は当該年齢層の僅か2～3%しか手の届かないものであったが、戦後、国民の高等教育の民主化と大衆化の要望は、米国と日本に見習えとの声が大きくなっていた。（現に筆者が1963年3月ヘルシンキ大学客員教授の任期を終えて帰国の際与えられた公開講演の主題は「日本の高等教育と現下の課題」Akademisk utbildning i Japan och dess aktuella problem であった。）

そして1965年に2つの長期高等教育拡張計画を明らかにしたレポートが公刊され、翌66年の法律によって、フィンランドの高等教育の拡充が具体化される運びとなったのであった。

現在、総合大学（yliopisto）20校、単科大学（korkeakoulu）20校、それにOECD対芬教育第2次審査報告書（1995年）で指摘され、第3次審査報告書（2003年）で特集されているように、職業学校卒業者も進学できる大学院課程を有する職業専門大学（ammatikorkeakoulu）が29校を数えているように、かつてとは全く様相を異にした高等教育の大衆化の現象は、今日高等教育進学率73％（OECD調べ）という高い数値によっても分かるのである。
　しかもなおかつ高等教育の質を落としていないことは、OECDも指摘しているように、1990年代初頭の経済不況化においても、研究・開発に重点を置き、高等教育の質を下げることなく（ヘルシンキ大学の若い1学生がリナックスという基本ソフトを開発していることにも徴し得る）、また一方で大学入学資格試験の質を落とさなかったこと（1990年代半ばに大学入学資格試験での国語の成績が低下したのを受けて、1997年を読書年として対処したことによっても分かる）、つまり高等教育の機会を拡大する一方で、質の保持、卓越の保持を堅持してきたことを見落としてはならない。

6.　21世紀を切り拓くテーマ学習

　これまでもフィンランドの学校教育は、国際勧告に従い、いやそれを先取りの形で、平和、民主、人権、共生教育の徹底を計ってきた。
　ところで今世紀に入って、学習指導要領の改訂によって、21世紀を切り拓くにふさわしいクロス・カリキュラム・テーマを設定するところとなった。これは学校の基本原理であり、各教科で学習がなされるべきものでもあるが、カリキュラムを横断して総合的に学習されるべきものとして、設定されたものであることに注目したい。
　『2004年改訂基礎学校学習指導要領』によれば、○人間としての成長、○文化的同一性と国際化、○メディア技術とコミュニケーション、○参加型市民性と起業家精神、○環境、福祉、持続的未来への責任、○安全と交通、○テクノロジーと個人、となっており、説明の必要はないが、'人間としての成長'で

は、一方で正しく自己評価が出来、一方で平等と寛容に基づくコミュニティー感覚の発達がその尺度となっていることにふれておきたい。

また『2003年改訂高等学校指導要領』では、〇積極的市民性と起業家精神、〇安全と福祉、〇持続的発展、〇文化的同一性と文化の知識、〇テクノロジーと社会、〇コミュニケーションとメディア能力とある。これも説明の必要がないと考えられるが、'積極的市民性と起業家精神'の最初のところに、'人権の知識と民主社会を機能させている原理をより強固にする'とあることに注目したい。

いずれにせよ、フィンランドの学校教育を支える原理、これからの教育観、21世紀を切り拓いてゆこうとするその姿勢を十分に窺い知ることを得るのである。

7. スカンジナビア・デモクラシー

以上フィンランドの教育のシステムについて、大学入試を中心に据えて述べてきたが、それを支えるものが、'自由'と'福祉'のヒューマニズムとプロテスタンチズムスカンジナビア・デモクラシー、またフィンランド人特有の独立を目指して培われた'sisu'（死んでも止まないとの意味）の負けじ魂にあることを指摘しておきたい。

しかしここで誤解してならぬことは、それらは'憎しみ'によるものではなく、'愛'によるものであり、'寛容'によるものであるということである。

そしてその立場が一貫していることは、2004年改訂の最新の「基礎学校学習指導要領」においても、学校教育の根本原理が'寛容'にあるとされていることによっても分かる。

おわりに

　1968年に総合制の基礎学校法案を国会が通過させ、1969年に新しい教員養成法を制定、1966年に高等教育拡張法案を国会が通過させ、一途に教育改革の道を歩んできているフィンランド。その原理は、平等化の拡大による卓越性の保持であり、彼らが貴重なものとみなしている精神的価値と同時に、我々がフィンランドの教育から学ぶべきものは少なくないと考えられる。

「ものしり」から「思考力」の時代へ

田丸謙二（東京大学名誉教授）

概　要――「詰め込み教育」から「クリエイティブな人創り」へ

　ITがこの十年間に60倍以上増えたとのこと、猛烈な勢いで、時代が変化しております。二、三十年先に社会を支える今の生徒たちへの「現在の教育」は将来彼らが活躍する時代が求める人材を創るものでなければいけません。この変化の早い時代に適応し、それをリードできるのは自立して判断が出来、creativeに考えることが出来る人材です。「ものしり」ではありません。この変化の早い時代に向けて現在世界中で大きく教育改革が進んでいます。「覚える知識」の量は基本的なものに絞り、「探究的に考える教育」に変貌しつつあります。試験はこの「あるべき教育」を助け育てる手段の一つです。

　日本では知識を詰め込むことはしても、「探究的に考える」教育は元来ありませんでした。そのままで世界のマネをして「ゆとり教育」を取り入れても、うまく行くはずはありません。生徒の「思考力」を引き出し (educe)、本当の意味でのeducationを一日でも早く日本に根付かせないと日本は駄目になります。全国共通の1次試験（以後、「共通1次試験」と略記）をするならば、「これからのあるべき教育」にプラスになるものでなくてはならず、全国的にマークシート方式でそれを実施することが出来るかどうか、が大変に難しい大きな問題です。兎に角今のままではいけません。どうすればいいのか、基本的に検討する時です。兎に角日本の将来は「現在の教育」が決めます。そして「現在の教育」は「共通1次試験」の内容で大きく影響を受けます。

1. 教育と試験

　教育のレベルはそれを評価するレベルで決まります。知識偏重で、考えることを身につけさせない試験では、日本はダメになります。今ではコンピュータがもっと優れた代用を果たします。自立して発展的に考える理科教育がこれからの時代に求められるのです。これは理科教育の大変に重要な面です。論理的に理解したものを「詰め込んで」、それを試験で吐き出すだけでも足りません。変化の早いこれからの時代には詰め込んだ理解から更に発展させ、新しいものを自分で判断し、個性的に考え出す時代になってきました。クリエイティブな時代になって来たのです。

2. これからの教育

　アメリカを初めとする先進国では、15年以上前から理科を大幅に変えました。携帯用のパソコンが出てくる時代です。科学技術も含めて、時代の変化も加速度的に早くなって来ました。変化が早いだけに「時代を先取りした教育が求められます。このような変化の速い時代をリードできるのは自分の頭でクリエイティブに考えることが出来る人材です。「ものしり」ではありません。これも理科に限らない、歴史や社会の分野でも同じです。教育自体大きく改革をすることが求められているのが今の時代なのです。
　例えばアメリカでは、それまでは鯨の種類などを覚えさせていた理科を止めて、science inquiry、つまり探究的に考える理科に変えて行きました。[1]「less is more」と称して、覚えることは極く基本的なことに絞り、それに加えて「more」、つまり時間をかけて、十分に探究的に考える教育に変えて行ったのです。自分の頭で個性的に考えると、自分なりの新しい考えが生まれます。「More」にして実りあるようにするには、それだけ時間を余計にかけて、自立した知恵を育てるために鍛錬が必要です。コンピュータの時代に即応したこの

種の教育改革は、今では欧米に広く拡まり、日本でもそれを真似て「ゆとり教育」が始まりました。しかし残念ながら、日本には「思考力」を育てる基盤、風土が極めて乏しいためにうまく行きません。「学力の低下」と言われます。しかしこれからの学力とは何でしょうか。知識の量ではありません。

3. 日本の後進性

日本では「学ぶ」は「マネブ」(真似をする) から由来したように、知識を取り入れることはしても、自分で自立して創造的に考える教育が殆どありませんでした。彼らが使う教科書も世界でも大変にレベルの低い、時代遅れの「詰め込み式」のお粗末なものです。このような教科書から知識偏重の問題を作っていては国をだめにします。一体「creativeな人材を創る教育」が、これまで日本にあったでしょうか。詰め込み教育はあっても、自分の頭で探究的に新しいことを考える教育を受けた経験のある先生が果たしてどれだけいるでしょうか。

「分かったか、覚えておけ」。多くの高校での理科の時間です。この一方的なつめ込む教え方が入試のためには適しています。限られた時間にたくさんのことを教えることができ、「知識偏重」の入試に成功させる最適の教え方なのです。生徒は自分独自で新しいことを考える努力をすることもなく、ディベイトもしませんし、先生の言うことを理解し、受け取るだけです。ですから、大学に来ても講義を聞いても質問は少ない。受け取るだけだからです。大学院に来て初めて「自分で新しい独創的なことを考えよ」、といわれてもうまく出来るはずがありません。自立していないからです。悪い教育を受けると一生損をする被害者になります。

4. 入試の形態

　欧米での大学の入試についてみても、大学によりさまざまではありますが、全国レベルの共通試験よりもそれぞれの大学の個性的な学生を選ぼうとすることが多い。近頃日本でも真似を始めたAO方式です。社会が最も必要とする人材、将来世の中を支える人材を選ぼうとします。基本はcreativeな素質を最も重要視をすることが圧倒的に多い。中にはleadershipをそれに加えることもあります。自分で創造的に考えて、しかも人の上にたつことが出来る人材を選ぶのです。Cambridge大学から出ている紹介にも書いてあります。「教科書を丸暗記しているだけのような学生は採らない。自分で考え、やる気のある学生を面接を通して採用する」、と。「知識の量」で決めるのではありません。社会が真に求める人材を求め、評価する重要性を知っているからこそできる入試なのです。「知識偏重」の問題を出して一点でも違うところで線を引くのが公平な試験とするのとは大分違います。

5. 東大生は駄目か

　『東大型の秀才（いわゆる学校秀才）の頭の特徴は、人から教えられることを丸暗記的に覚えこみ、それを祖述する（その通りに繰り返す）ことは得意とするが、自分の頭で独自にものを考える、クリエイティブな思考は苦手と言うことである。日本の学校教育のシステムは、このタイプの秀才がよい成績をあげるように出来ている。上級学校の入試（東大入試もふくめて）も、このタイプの秀才が受かるようにできているから、東大にはこのタイプの秀才がごろごろいる。東大を卒業したあとに、そのような秀才が各界にエリートとしてふりまかれていくから、日本では、エリート層全体のクリエイティビテイが低い』
　以上は今度立花隆が書いた「天皇と東大」（文芸春秋）の中の一文です。この東大生に関する記述は確かに一面の真理でもあり、記憶力、理解力は優れてい

るけれども、却ってその知識にこだわって新しいアイデイアが生まれ難くなっている学生もいます。これは東大だけでない日本の一流大学に共通の問題です。ものを覚える能力と、新しいことを考えだす独創的な能力とは全く別なものです。絵画でいえば、いくらピカソの絵を真似して習っても絵描きにはなれません。独創力を育てる能力のある先生は日本では極めてまれです。「ゆとり教育」がうまく行かないのも、ノーベル賞を受けた人がアメリカやヨーロッパにはそれぞれ何百人もいても、日本では桁違いの少ない数ですし、東大生がクリエイテイブでないのも、皆共通の基盤から生まれている現象です。

長岡技術科学大学の学長をしておられた川上正光先生の厳しい言葉を引用します。『ものを覚える能力と自ら考え出す独創力とは本質的に別物である。「独創力ある人材」を作り出す点ではわが国の教育学も教育者も全く無力である。幼稚園から大学院まで主として考える力を増強すべきであり、各段階の入学試験もものしりの度合いを測ることをやめて、考える力を測るべく大改革をなすべきである。』要するに「横並びの詰め込み教育」はあっても、自立して自分で「考えるcreativeな教育」がないからです。それは教師に「考える力」がないからです。教師の再教育をして、出来るだけ早く教育改革をしなければいけません。

6. 日本の教育・入試の欠陥

これは国としても大変に重要な問題であります。現在の教育が国の将来を決めるのです。ますます加速度的に変化の早くなる世界からcreativeでないために、その変化の後追いか、置き去りに残されるのです。何故そのようなことになっているのでしょうか。学ぶ教科書も詰め込み的なためですが、それを基にして日本では一流の大学の入試の仕方が「creativityを評価しない」からです。それは教育は「教え込む」ことであって、自分で考え、資質を「引き出す（educeする）ことではない」のです。これは何も東大だけの話ではなく、日本の教育の基本的な欠陥なのです。この欠陥を正すためには大学入試の果た

す役割は大変に大きいのです。ノーベル化学賞を受けられた福井謙一先生も言われていました、「今の大学入試は若い人の芽を摘んでいるんです」と。知識偏重の問題を出して、一点でも差をつけて差別するのが公平な試験と思い込んでいる大学の先生たちがいけないのです。「若い人の芽を摘む」ことをしながら、本人たちは微塵もその罪を感じていないのです。[2]

7. ではどうしたらいいのか

　私の孫に小学校2年までアメリカで教育を受けて、日本に帰ってきた男の子がいました。向うの小学校の校長先生に娘がどのような教育を心がけていますか、と問うたのに対して、「independent thinker」を育てたい、という答えがありました。自分なりの意見を、個性的に持てる人材をこれからの変化の早い社会が求めているというのです。そのためには、「君はどう考えるか？こういう場合どうしたらいいと考えるか？」、各人に深く考えさせるのです。[3] 共通の答えを要求してのことではありません。各人は顔が違うように、「別」なのです。「各人は別々の素質を持っている」のです。それぞれの生徒の優れた点を educe 引き出すのが本当の education であり、creative な教育なのです。しかし、一方日本の小学校では「皆一緒、差別なし」です。Independent thinker を養う重要性を心がけている小学校の先生はどれだけいるでしょうか。何も学者を作るためではありません。どんな職業にしても、自分の頭で creative に考えるとき、変化の早いこれからの時代に適応することが出来るのです。
　その小学校2年の孫がアメリカから日本に帰ってきて何をするかといいますと[4]、例えば、コップに水を入れてその中に自分の腕時計を入れていました。「何をするのよ！」と言うと、「これ防水と書いてある」、です。実験なのです。「マミ、救急車がこちらに来る時は高い音なのに、向うに行く時は低い音になるのは何故？」、「台風の目はどうなっているの？」、「雷は何ボルトなのか、長い針金を空中に立てて測れないかしら」、などなど幾らでも出て来ます。

（サンフランシスコにある自分で実験させてくれる科学博物館に行くと、科学実験が好きな子供たちが集まって、正に熱気に溢れていますが、矢張りそのような子供たちがますます好きになって育って行くのです。）担任の先生は「これまで長い間教師をして来たが、こんな利口な子は見たことがない」と言っていたが、その子は日本にいる間にみるみる内に「普通の子」になってしまった。残念なことに日本では「independent thinker」を育てる教育を受けることがありません。独自に考えることなしに、「思考とは無関係な、お粗末な教科書」をつめこませられ、暗記させられ、試験に備える教育を受けざるを得ませんでした。

　生徒たちは生まれつき「せっかく利口な頭」を持ちながら、その才能を引き出し、育てることなく大きくなるのです。可哀相に、日本には生来の素質を延ばし、引き出す本当の「education」がないのです。日本の教育関係者で本当にそのことを認識している人は何人いるのでしょうか。上記のような、日本のエリートたちがクリエイティブでないのは大学入試のためでもありますが、それだけでなく国全体、小学校の教育からそうなっているのです。

8.　一つの入試形式

　私はある新設大学で、入試に高校の教科書持参で行いました。[5] この形式だと、「これを覚えているか」などの問題は出せなくなります。「ものしり」を避けて、「自立して考える生徒」を選ぶのです。これは何故であるか、こういう場合はどうすればいいのか、と言う「考える問題」になって来ます。答えは記述式にするのです。例えば、易しい問題ですが、「砂糖と塩と白い砂の混合物がある。それぞれの量を知るにはどうすればいいか」という種類の問題を書込みで答えさせるのです。受験生によっては全く手がつけられないのもおり、実によく考える力が分かりました。何も高校の教科書持参でなくてもその種の問題を出せばいいのですが、出題者にそれだけの枠をはめてみたのです。教科書に他の資料を挟み込むことだけは禁じて、入学試験は問題なく出来ました。福井

謙一先生はそれを聞かれて大変に褒めて下さいました。やってみると、○×式などとは比べものにならないほど、個々の受験生の「考える力」が手にとるように分かります。採点者による違いなど殆ど全く問題にならない。

ただこの形式の試験では出題者の方の「考える力」がはっきりと分かってしまいます。普段知識だけを教えている「考えない」教授は「考える力」を調べる方法を知りません。慣れていないからでもありますが、入試問題を作れないのです。やはり、当然のことですが、creative な試験をするには creative な出題者が不可欠であることが分かります。「ものしり」の程度は簡単に○×で測れますが、「思考力」を測るのは容易ではありません。出題者自身が creative であり、それなりの「知恵」が必要です。それに備える普段の授業も、先ず教師が自分で考え、生徒と一緒に考えながら creative な授業をすることであり、試験はその成果を調べるのです。

9. 教育改革をするには

以上のことから明らかなように、日本の教育を改善するためには、先ず入試を変え、教師たちが本当の education を身につけ、creative にならない限り、本当のこれからのあるべき教育は実現しません。「知識偏重で、思考力を調べない共通1次試験」に膨大な費用をかけても、マイナスこそあれ、プラスはありません。これは非常に大事なことですが、日本の教育関係者のレベルの問題だけでなく、これまでの教育の風土もあり、余程の努力をしないと、「言うは易く、しかし実行は必ずしも容易でない」ことなのです。面接でしっかり人物評価をする Cambridge の入試を見習い、教科書を丸おぼえしているだけのような生徒はさけるべきです。これはエリートに限らず、教育一般のあるべき姿なのです。時代はどんどん変わっていきます。

このような「思考力を育成する試験」は二次試験のような入試の場合は、東大はもちろんのこと全ての大学で、手抜きをしないで是非実際にやってほしい方式です。やらなければいけないことです。Creative な人材を選び育てるこ

とです。一次試験に似た試験を二次にもして、兎角手抜きをしがちな入試が日本の教育を悪くしています。時間をかけてもじっくりと考えさせて、記述式にして、「creativeな思考力」を見分けることです。人数を絞ってからCambridgeのように、面接で最後的に決めるのも悪くない。実際に実施した大学もあります。探究的に考える教育をする大学の個性的特長を打ち出すことですし、それが高校以下の教育を改革いたします。これからの時代が求める人材はこのようなcreativeな入試形式を通して、育てられるのです。

10. 全国共通1次試験

しかし、このように手を尽くして「思考力をみる入試」をしようとしても、二次試験ならやりようによって出来ますが、全国的な共通試験になると、必ずしも容易ではありません。問題作りにしても。前述のように多くの「考える能力の乏しい教師たち」は考える問題の作り方が分かりません。程度の悪い教科書を元にして出すのではいけません。今の共通試験のように短い時間に「考えさせない問題」を山ほど出して、「考えたら負け」の試験でいいはずがありません。これまでのような社会科目などのような暗記問題などもそうですが、教育を悪くしています。随分と苦労して問題を作っておられるようですが、これからの教育を育てる試験はとても難しい問題です。マークシート方式を変えることも考慮の中に入ります。しかし一応これまでのような方式でするのなら、大事な基本的事項が分かっているかどうか全体の四分の一くらい出す一方で、強いて言えば、前述のように「教科書持参でする入試方式」を頭において、たとえマークシート方式でも、そして比較的易しい問題で結構ですから、できるだけ多く考えるよう、たとえば差し当たり全出題の四分の一くらいでも暗記でない、「思考力を調べる考える問題」を出すことが出来ないでしょうか。出来れば、高校以下の教育が変わります。しかし教科書持参を頭において出題することは、大変な「智慧」が必要です。実際に出題できる教師がどれほどいるのでしょうか。マークシート方式に限りながら、「考える力を見る入試」は大変

に難しいことではありますが、出来る範囲でそれに向けて努力することです。少なくとも内容的にその方向に沿うよう、「creativeな教育」にプラスになるよう、（少なくとも現在のようにマイナスにならないよう）その基本的な精神を出来るだけ反映させるものにするのです。少なくとも特に「知識偏重」を避けて、基本的な原理を発展的に考えさせる出題をすることです。正に基本的に大事な問題です。高校で「考える教育」を受けた成果をみるのです。「共通1次試験」についても、「思考力」を見るのは大変に難しいとしても、兎に角今の日本の教育を根本的に改善する少しでもプラスな方向に行けないものでしょうか。思考力を測るための「共通1次試験」を実施することが、日本の教育関係者たちの知的レベルから言っても、現実に極めて難しいことは明らかですが、それでも何らかの形で「共通1次試験」をやると言うのでしたら、「共通1次試験」の性格を基本的に変えることを検討することになります。根深く張り付いた日本の「マネブ」旧弊を改革するように、前向きな努力をすることです。その上で、一方ではその不完全さを補うために二次試験ではそれだけしっかりと「creativeな思考力」を、手抜きせずに実施することです。兎に角、「若い人達の芽を摘むこと」はしないで、時間をかけても、日本の教育に本当のeducationを根付かせることです。それなくして日本の将来は駄目になります。現実には決して易しいことではないのですが、先ず出題者に「考えることが出来る人」を選び、「考えさせる問題」を作る努力をしてもらうことです。化学での「考える問題」の参考を示します（http://d.hatena.ne.jp/science-edu/）。この例を参考にして易しい問題を考えるのはどうでしょうか。日本の教育改革に向けた試験に時間をかけても少しでも近づけるようにすることです。暗記した知識の量を調べるような質の悪い出題は禁物です。これまでも随分ひどい問題がでたことが少なくありませんでしたが、これからは絶対に止めることです。日本の教育を悪くするだけです。

11. おわりに

　携帯用のパソコンが出る時代です。「教科書を丸暗記している学生は採らない」というCambridge大学の高い見識を日本でも少しでも実感を持って受け取れる教育関係者が一人でも増えて欲しいものです。誰でも自分は考えていないなど思っている人はいません。横並びでしか考えていないでも、自分では十分に考えていると思いこんでいます。新しい時代には「横並びでないクリエイティブな教育や試験制度」に変わらないといけません。教育は「時代を先取りして」二、三十年は先のことを考えないといけません。これは非常に大事なことなのです。

　今は世界的にも「新しい教育を求める改革時代」なのです。それにプラスになるものが如何にしたら出来るかどうかが問題です。日本の教育関係者が、何もアメリカのマネでなくても、日本なりにもっと優れた「これからあるべき教育」をしっかりと把握し、高い見識を持って、国際的にも勝るとも劣らないcreativeな教育を育てる大変に大事な時期なのではないでしょうか。共通1次試験」をマークシート方式でなくできればいいのですが、それが難しいなら、これからの教育の線に従って改革ができるかどうかは関係者の見識と努力の問題ですが、いずれにしても大変な努力が必要です。その努力を通してでも日本の教育を本当に改革するにはどうすればいいのか、がはっきりとします。その自覚と改革の実行なくしては、日本はダメになります。

　最後にロンドン大学名誉教授の森嶋先生の言葉を結びとします。『現在の教育制度は単数教育〈平等教育〉で、子供の自主性を養う教育ではない。人生で一番大切な人物のキャラクターと思想を形成するハイティーンエイジを高校入試、大学入試のための勉強に使い果たす教育は人間を創る教育ではない。今の日本の教育に一番欠けているのは議論から学ぶ教育である。日本の教育は世界で一番教え過ぎの教育である。自分で考え、自分で判断する訓練が最も欠如している。自分で考え、横並びでない自己判断の出来る人間を育てなければ、2050年の日本は本当に駄目になる』（森嶋通夫：こうとうけん、No16（1998）p.17）

注

1) National Science Education Standards, National Resaerch Council (1996), National Academy Press. Every Child a Scientist, National Research Council, (1998), National Academy Press：Inquiry and the National Science Education Standards：A guide for teaching and learning, National Resaerch Council, National Academy Press (2000).
2) 近畿化学工業界、2000年7月号、11ページ
3) 「アメリカの孫と日本の孫」、田丸謙二、大山秀子、化学と工業、52 (1999) 1149
4) 「新しい大学入試方式の模索」、田丸謙二、化学と教育、44 (1995) 456：「理科のセンスを問う…山口東京理科大学の教科書持ち込み入試」、木下実、同誌、45 (1997) 146 田丸謙二のホームページ (http://www6.ocn.ne.jp/~kenzitmr) 参照

特別寄稿

センター試験改革を求める学校現場

清水建宇（朝日新聞社「大学ランキング」前編集長）

　90年代以降、日本の大学は大きく変わった。大学設置基準が緩和され、学部・学科の再編や大学院の拡充が進んだ。国公立大学の法人化をきっかけに、私立大学との垣根を越えた競争も激しくなった。そうした新しい大学の姿を、高校生にくわしく伝えたい。進学先の選択に役立つように、できるだけ指標ごとに数値化し、ランキングという形にして——。

　いま振り返ると、大言壮語というほかないが、そんな願いを込めて「大学ランキング」を創刊してから、もう14年になる。この間、私たちが重視してきたのは、大学の学長と高校の進路指導教諭、すなわち学生を迎え入れる側と送り出す側による大学評価だった。

　進路指導教諭に対しては、大学進学率が高いと見られる1200余りの高校に毎年アンケートを送り、600前後の高校から回答をいただいてきた。「生徒が進学して伸びたと思う大学はどこですか」「進学先の選択で生徒から助言を求められた場合に、大学のどんな点を重視しますか」など、必ず尋ねる質問のほかに、年によってテーマを決め、意見を自由に記述してもらった。

　2006年版のテーマは「大学入試制度」である。学校5日制で授業時間が減ったうえ、総合学習の時間などを設ける新学習指導要領がスタートしていた。一方で、国立大学協会はセンター試験で5教科7科目を義務づけることを提言し、受験生の学習負担は増えていた。AOなど新しい形態の入試も広がり始めた。そんな時期（2004年秋）のアンケートである。

先生たちの声を以下に紹介しよう。悲鳴と言ってもいい内容が目立つ。

◆「ゆとり教育」の名の下に、小中学校で基本的に修得すべきことが削減された。高校ではその補充と橋渡しの教材づくりに割く時間を確保しながら、5教科7科目のセンター試験への対応も迫られ、恐ろしいほど「ゆとりのない教育」と化している（埼玉・県立高）
◆国公立大は受験科目増、私立大は科目減、一部の私立大のAO入試は定員確保のための青田買いと、それぞれに大きく違い、指導が難しい。せめて私立大は最低3教科という申し合わせができないか。生徒は受験科目以外の教科は身を入れて学習しなくなる（福島・私立高）
◆AO、推薦、一般入試と、高校教師にとっては7月から翌年3月まで入試シーズンが続く。公募推薦における専願制や、国公立の推薦入試日が定期テストの時期とぶつかるなど、疑問に思うことも多い（東京・国立）
◆入試の時期や方法が余りにもさまざまなので、高校では把握が難しい。各種の書類を発行するのにも戸惑うケースが増えている（神奈川・県立）

入試がとめどなく多様化し、複雑化していくことに対して、高校教師の不安は大きい。受験生確保のために試験科目をやみくもに減らしたり、試験とは名ばかりで「書類に名前を書けば合格する」ようなAO入試がはびこっていることには、怒りの声も上がっている。こうした現状を憂える高校教師の少なからぬ人たちが「センター試験の資格試験化」を提言している。

◆センター試験で5教科7科目を課すのは、大学で学問を学ぶのに必要な基礎学力として妥当な要求だと思う。ただし、センター試験を資格試験に変え、一定基準を満たした生徒に各大学が個別試験を課す仕組みにしてはどうか（岐阜・県立）
◆学力低下の一因は、1科目や2科目で済むようなアラカルト入試が横行していることだろう。それならセンター試験を1次の資格試験とし、受験生全員に5教科7科目を受けさせて、基準点以上を合格にするのがいい（静岡・県立）
◆センター試験では、数Ⅰ、地歴Aなどの科目はなくす。理科と社会はそれぞれ2科目を120分で回答し、数学もⅡBまで必修にして全員に課すようにする。そうした制度にしてほしい（埼玉・私立）
◆国公立大医学部の入試で、センター試験の目標点が800点満点中700点以上というのは異常だ。こんな高い点で足切りがなされるのは、おかしい。8割の640点以上あれば、2次試験で適性を見てよいのではないか。センター試験は学力を

見るための資格テストにすべきだ（千葉・私立）
◆センター試験を資格化して、年に複数回、実施する。分離分割をやめ、かつての一期二期のように国公立大は一回だけの入試とする。序列化を避けるため、一期校と二期校のグループ分けは毎年抽選で変える。２次試験では全学部で面接と小論文を課し、ペーパー試験では計れない人間性も見る（岡山・県立）
◆国公立大、私立大を問わず、高校３年の夏休み期間中に受験希望者の全員に米国のＳＡＴのような資格試験を課し、合格者には翌年の６〜７月に大学の個別試験を課す。大学の新学期開始は９月とする。これが、高校を有効な教育の場とする最善の方法である（山口・私立）

　記述欄が小さいために、くわしい制度設計までは言及していない意見が多い。しかし、ここに掲載しなかった意見も勘案すると、およそ以下のような仕組みをイメージしているのではないか。
　①国公立と私立、文科系と理科系を問わず、すべての大学受験生が５教科７科目を受ける、②理系のための地歴Ａ、文系のための数学Ⅰなどはやめ、なるべく共通の科目とする、③現在は５月になってセンター試験の成績が開示されているが、これを遅くとも１月下旬には本人に開示するシステムにする、④ＡＯや推薦入試でもセンター試験を受けるよう大学側が指導し、生徒全員が３年生の３学期まで勉強に打ち込む環境をつくる、などだ。
　資格試験にするならば、現行の高等学校卒業程度認定試験（旧大検）との関係も整理する必要が出てくるだろう。高卒認定試験は年２回で、受験できるのは６教科で最大９科目となっている。不登校や中退で高校の学業を断念する生徒が増えており、そうした生徒にとって、再チャレンジのたいせつな機会だが、就職に際して合格者を高卒扱いする企業は２割、自治体は４割しかなく、社会で十分認知されているとは言い難い。

　高校の多様化が進んでいるうえ、選択科目が増えている。進学校では早い段階で文系と理系に分けるところが多く、同じ高校でも履修科目の差が大きい。しかし、高校進学率は今や100％に近づき、義務教育の側面が強まっている。高校は、社会に出てから求められる知識や技能を学ぶ最後の学習機会だ。教師

たちは、これだけは学んでおいたほうがいいと信じることを、どの生徒にも教えようと思っている。その願いを阻んでいるのが、今の大学入試制度だとしたら、抜本的な改革を急がねばならない。
　センター試験の「資格試験」化は、改革のひとつの方向として、もっと真剣に検討されるべきだと思う。

座談会

「共通1次・センター試験」を考える

実施日：2007年4月2日（月）
場　所：(社)日本化学会 化学会館会議室
参加者（敬称略。五十音順）：
　　有山正孝　　電気通信大学 名誉教授（物理）
　　伊藤　卓　　横浜国立大学 名誉教授（化学）
　　勝木　渥　　信州大学理学部・元教授（物理）
　　中井　仁　　大阪府立茨木工科高校・教諭（地球惑星科学／物理）
　　細矢治夫　　お茶の水女子大学 名誉教授（化学）
　　森田康夫　　東北大学大学院理学研究科・教授（数学）

中井　　本日の進行役をさせていただく中井です。よろしくお願いします。まず一番初めに、今回の企画のメインテーマと言える、センター試験の教育への影響についてそれぞれのお立場から語っていただいて、次に、2番目としましては、センター試験が現実にどのような役割をしてきたか、また役割を果たしているかということもお互いに共有しておく必要があるかと思いますので、そういう点を挙げたいと思います。最後に、話題の3番目として、将来像を含めまして望ましい高大接続のあり方について話をしていただく。一応そのように大まかに考えています。

　　　　始めに自己紹介をかねて、センター試験にどのようにかかわってこられたかについて、座席の順番でお話願います。

森田　　東北大学の数学の森田と申します。私は東北大学の入学試験の枠組

みに関する委員会の中に入っておりまして、その中でセンター試験がどうあるべきかを考えてきました。それ以外では数学教育のことに興味を持っていまして、そちらの方からも勉強しております。

細矢　細矢です。お茶の水女子大の情報科学科を5年前にやめて、今はフリーです。お茶大へ入ったのが1969年ですが、その1年ぐらい後に大学基準協会という、名前はいかめしいですが、安藤良雄さんが委員長で国公私立の大学の人たちが自由に大学教育や入試関係の話をしたり情報交換をする会に入りました。そのころ、秋月康夫先生という群大の学長さんで数学の大先生が、熱心にやっておられました。それから委員長の安藤さん、青山学院大学の山根先生などがおられて、そういう人たちがいろいろな立場から共通1次のようなものを、ちゃんとやってもらいたいというような意見を出したんです。そういう議論に入っていたことがあります。

中井　それは何年ぐらいですか。

細矢　1970年から、そのころですね。

中井　共通1次の前ですね。

細矢　そうですね。そのころは文部省は余り乗り気じゃなかったんです。もう秋月康夫さんなどは相当乗り気で、国立二期校コンプレックスの影響があったんで、そこのところをしっかり改革したい。それで、青学の山根先生という人は米国の SAT（Scholarship Attitude Test、大学進学適性試験）とかアチーブメント・テストとか、そういう方をよく知っていて、なるほど、共通1次がこのようなものならいいなと思ってたんですよ。どうしてかというと、要するにアメリカでは高校の1年生から自分の好きな科目を受験して、化学なら化学を1年のときやって、うまくいかなかったら2年で勉強し直して（再受験して）良い方の得点が得られる。その得点が全部受験生に戻ってくるわけです。それで自分の得意な分野がどこかがつかめて、自然に進路指導にもなってる。しかも、一遍だけじゃなくて何回も挑戦できる。そういうようなシステムだったらいいなと思って聞いてたんだけど、

始まったのはご存知のようにああいうものでした。それで、導入されてから私は出題をやらされたんです。その科目は何かというと、私、化学が専門だけど、基礎理科という物化生地が一緒になった（科目の）、非常におもしろい作問委員会だったんですよ。ところが、全国で100人か200人しかいない受験生に対して、物化生地のそれぞれ変わった人たちが、本当に缶詰になってぎゅうぎゅう、しかも6本つくったんです。だけど、そのうち本試験と追試験と、2本しか使わなかった。あとの4本は捨ててしまうんですね。だから結果的にはものすごく無駄なことをやらされたと思っております。その基礎理科というのは精神はよかったけれども現実問題としては、はやらなかった。

　そういうことで、大学入試センターの問題にかかわり始めた。ところが、今度は現実にお茶大はどうだったかというと、共通1次が始まると同時にどんどんどんどん受験生の質が下がってくるわけです。一方では東大の女子の入学者数はウナギ登りに上がる、要するに勉強ができる女の子をどんどんとられてしまって、つまりランキングができるわけだから、成績いいのがみんな東大、京大に進むわけです。それで、まず入試センター試験から傾斜配点をしたい、それから専門の試験もそれぞれの学部にウエートを置きたい、今だったら当たり前ですけれどね、そういうことができないかって、本当に必死になって騒いだ。そのときの戦友の一人が藤原正彦で、彼らと一緒に学内のほかの学部の先生たちとけんかしたり、文部省へ行ったり国大協の先生にお願いに行ったり。そんなことで、共通1次が生まれる前のその精神とか、だれが頑張ろうとしたかとか、そういう歴史を知っている。だけど動き出したのは全然違う形だった。だから、私にとっては非常にトラウマ的な存在、そういうことです。

中井　　ありがとうございます。では、勝木先生お願いします。

勝木　　僕は信州大学に96年まで29年間いました。共通1次が導入されるときには、当時批判的意見・反対意見として普通にいわれていた大学間格差を生むとか、全国一律はよくないとかいった意見とほぼ同様な

反対意見をもっていた。実は教授会で議論される前に、評議会での議論の様子を学部選出の評議員に尋ねてみたら、今や情勢は導入是か非かを議論する段階ではなくて、導入を前提に具体化をどうするかという線で進んでいるというものですから、教授会では一応反対意見は述べたけれどもとことんそれを主張することはしませんでした。そのとき、共通1次導入のメリットの説明の中に、入試の出題・採点業務の軽減ということがあった、と記憶します。そのころ、佐賀大学の人だったか、九州の人ですか、最後まで反対論を唱えていた人がいて、これは偉いなと思って、内心では僕も反対だと思っていました。

　先ほど基礎理科の話がありましたが、物理学科の学生時代に上級生だった人が出題委員の話を持ってきました。1人ずつ目星をつけて一本釣りで次の出題者を捜しているのですね。それが来たときにはちょうど幸か不幸か、子供がひっかかるような年ごろでした。それで、子供がひっかからなくなってきたら、僕のところに今度は物理の出題委員の話が来ました。そのときもおれは、そもそも反対なんだからと言いましたら、それを僕のところに話を持って来た人が、おまえがそんなきれいごとを言ってそれで済むと思うのかと。よく考えてみたら、ちゃんと反対だったら最後まで、俺は反対だからと頑張って、業務を拒否するという態度を貫いて、最後には職務命令が出されて、やむなく従事するというところまでやれば、筋が通っているわけですけど、それはせずに、落ち度がないようにと細心の注意を払って一生懸命やって来たわけです。そう言われてみるとそういうものかなと。

　出ていったら、話を持ってきた人が部会長で、出題の次期部会長候補という含みで僕を釣り上げたのです。ちょうど物理が下駄を履かせる事件があった直後ぐらいのころだったんです。それで、物理の出題内容をどう変えていくかということが、僕が入ったころの問題でした。

中井　　下駄を履かせるというのは平均点が低過ぎて…。

勝木　　ええ、低過ぎて下駄を履かせて調整したという事件が1回あったんです。

伊藤　20点以上差がついたときにやったんですね。

(注：1989年、「生物」と「物理」の平均点が低かったため、得点調整が行われた。)

勝木　そのときの物理の問題はとてもとても難しい問題だったんです。それまでも何とか物理を易しくしようという試みはやられていたんですけども、僕に声をかけてきた部会長が非常に熱心で、彼が部会長の間にそれが実現しました。次の年に僕が部会長をやったのですが、そのときに物理の作題部会の部屋に解答分析という資料が山ほどあることを知った。これを参考にして問題をつくりなさいということになってるんだけども、そんなの参考にしてたら時間がないですから、結局、それとは全然関係なしに問題をつくる。後でゆっくりと見てみたら、これが非常におもしろかったんです。成績順に5つに分けて、それぞれのグループごとにどの答えを何％の者が選んだかというデータがちゃんとあって、それも何年分もたまっているわけです。その資料は、資料としてはバイヤスがかかっているけれども、非常に膨大な資料だから、これを使って何か問題点をきちんと論議する、そんな研究の材料にはなり得ると思ったのです。それで、これを使って研究して公開できるような措置をとれるようにということを、部会長、副部会長が集まって議論するような場で何回か言いまして、結局、委員をやめるときには、次のセンター試験が始まった後であれば、それまでの解答分析を使って何らかのことをやってもいい、というところまでは認めさせました。それで、物理の解答分析を数年分使った解析をやりました。ところが、解析結果を発表しようとすると、物理教育の雑誌に発表していくわけですが、（雑誌が）年4回しか出ない。そういう雑誌に膨大な資料を載っけることを、数回やりましたけども、後で、この仕事がどれだけ役に立っているのか、物理学会の教育分科会で聞いてみたら、物理教育のリーダーのような人が、いやむしろそういう資料は出題委員がちゃんとまずそれを見て考えて活用すべきであるというようなことを言われました。僕は、出題委員は一応見るということはできる。だけども、普通の物理教育に携わっている人た

ちが、解答分析に間接的にでも接することができるようにしたいと思ってやったんですが、そんな訳で必ずしも活用されてはいないと思いましたので、その仕事は数年やってやめました。だけども、こういう資料が物理だけじゃなく全科目についてあるのです。こういう資料を、先ほど細矢さんがおっしゃったような「結果的にものすごくむだなことを」しながらも、ともかくデータだけは山ほどためたんだから、これは絶対に歴史資料として非常に良いものがあるということをきちんと強調すべきだと思ったんです。

　今後、いろんな費用対効果ということがうんと重視されてきて、しかも大学全入のような状況になってくると、多分大学入試センターが今までどおりに維持され続けていくとは思えない。解体されるか、ずうっと規模を縮小するか。そういうときに、これだけ山ほどたまってきたそういう資料がもう使い道がない、もう解読できないとか、廃棄されるとか、そういったような状況になることをむしろもったいないなという気がして、そういう大学入試センターの副産物みたいなものに目を向けることが必要じゃないかというような気がしています。

中井　ありがとうございます。順番ですから。茨木工科高校の中井と申します。センター試験のことを考えるようになったのは、ここ数年のことですけども、高校の教員をやってますから、以前から高校と大学の接続問題には関心を持っていました。その問題の底流といいますか、基本に、教育の仕方と言う点で、我々がやってる教育には目標とするべき芯がない、こういう教育を目指すんだというものがないという思いが、若いころからありました。共通1次テストになったときは、良い影響を与えないだろうなと漠然としか考えていなかったと思います。ただ、受験科目数を減らした時は、全国高校校長会の代表がコメントを新聞に載せてられて、受験生が楽になるので歓迎するということだったんですけども、学力不足になるのにと、同僚と話をしたことを覚えています。個人的な体験を通してこれは何とかせんといかんと思ったのは、原稿の方にも書かせてもらってる実験レポートなどに

対する生徒の反応です。そのころ勤めていた学校は非常に成績のいい生徒たちが来る学校でしたから、レポート類を提出させるのに苦労するということはまずなかったのですけども、それがだんだんいろいろ手をかえ品をかえて刺激を与えないと、なかなか出してくれないという状況になってきまして、こういう形で影響が出てきてるんだなと感じました。以上です。次は、伊藤先生お願いします。

伊藤　3年前に横浜国立大学を定年で退官しました伊藤でございます。議論のテーマとなっているところでいろいろ申し上げたいことはたくさんあるのですが、基本的には文章に書いております。それからもう一つ、2005年の7月のシンポジウム（日本学術会議理学振興研究連絡委員会主催シンポジウム「共通1次・センターテストの四半世紀を考える」）で話をする機会をいただきましたが、そのときから私の思いは変わってはいません。具体的な話は後ほどにすることにいたしまして、ここで特に強調しておきたいのは、横浜国立大学というのは神奈川県で唯一の国立大学で、センター試験実施の際には、横浜国大に入る学生も預かるのですが東京の様々な大学に行く学生の面倒も見なくちゃいけないということで、最初のうちはもう物すごい数の受験生を引き受けました。最近になってようやく少しは余裕が出てきたのですけど、私が退官する二、三年前までは全員がフルタイムでかかわらなくちゃいけないという状況がずっと続いていました。ですから、被害者の最たる者は首都圏近隣の埼玉大学や横浜国立大学のような大学に所属する教員になろうかと思います。しかし、私自身はセンター試験に対しては、これは職務でしょうがないなと思いながら仕事を続けてきました。

　一方作問の方では、今からそうですね、14、5年前に2年間作問委員として関わるのですけれども、それからまたその後しばらくたってから、5年前から退官になる前までの2年間駆り出されまして、2回もご奉公することになりました。作問部会のあの空気、熱気というのは、あれはそれなりに評価できるんです。しかしながら、センター試

験そのものが社会に及ぼす影響は、これは別途あちこちで何回も話しているとおり、非常に害があると思います。現在のシステムがある限りはその中で最善を尽くそうというつもりで私はそれにかかわっておりましたけれども、そのシステム自体に私は問題があると思っています。その問題は何かという具体的なことについてはまた後ほどお話しいたしますけれども、実施する行政側の、要するにお金さえあれば何でもできるよというような発想で、その何でもが本当に社会にプラスになっているかどうかという視点が全く外れたまま強行されているというのが私は一番気になるところなのです。そのようなことで、今日お集まりいただいた先生方も、恐らく何らかの形でセンター試験に対してそれぞれご意見をお持ちのことと思います。必ずしも反対のお考えばかりではないだろうとは思いますけれども、それも含めてお話を伺うのを楽しみにしているわけです。

中井　どうもありがとうございました。有山先生お願いします。

有山　有山でございます。私は2000年の4月末に40年近く勤めていた電気通信大学を退職いたしました。本当はもう5年前に定年になるはずでしたが、生き延びてさらに5年間ご奉公をさせられたというわけです。多くの先生と同様に、私もセンター試験やその前の共通1次、さらにその前の共通テスト、ああいうものに対しては、どうもこれは余り感心したものではないと思い続けて今日になったわけです。

　　実は私は作問にかかわったことはございません。そのことにつきましては、（同じ物理の）勝木先生には大変不義理をして申しわけないと、今でも思ってるんですが、たまたま管理職になってしまったために両方は無理ということでご勘弁願ったというようないきさつがございます。

　　それで、作問にかかわったことはないので、その辺の機微は知らないのですが、試験そのものには深くかかわってまいりました。学生部長あるいは単科大学の学長として、つまり試験実施の最高責任者あるいは現場責任者ということで、いやもう全く薄氷を踏む思いを何度も

させられたわけです。電気通信大学も規模の小さい大学ですけれども、都内にキャンパスがあるもんですから、やはりほとんど全員が動員されてフルにつき合わなければいけないというようなことで、わずかにもう定年間際の人だけ、おまえは年寄りだから勘弁してやるということで役を免れるという程度でした。そういうことで、試験実施に絡むさまざまな問題については、多分隅の隅まで経験しているのではなかろうかと思います。

　肝心なことを言うのを忘れました。専門は元来物理だったんですが、二足のわらじを履いて、情報科学も教えておりました。今は中井先生に評判の悪い日本物理教育学会の会長（笑）をしています。また後ほどいろいろご意見を拝聴できればと思っております。

中井　評判を悪く思ってるわけじゃないんですけど、横着して入ってないんです。

有山　実は、やっぱりちょっといろいろ問題があるんですよ、教育系の学会というのは。今、だんだん先細りになっておりまして、それから勝木先生にもご迷惑をおかけしたようですが、雑誌を出すのがやはり補助金をカットされてしまって、それでたちまち年間の予算が4分の3以下になるわけですよね。たかが1000万円未満の零細な補助金というふうにお上が言うんですけれども、それをまた分けてもらっている立場からすると、それで一気に予算が減ってしまう。それで会誌の発行をバイマンスリーからクウォータリーにせざるを得なくなっちゃったときに、表紙に助成金をカットされたおかげでクウォータリーになったと印刷しろと言ったんですよ。そんな品の悪いことを誰も賛成しなかったですけどね。（笑）

細矢　化学教育学会はないけれども、僕らが見てると、物理、数学、生物、地学の教育学会の中では物理教育学会が一番頑張っているように見えるのですけどね。
（付記：日本化学会には化学教育協議会があり、月刊誌「化学と教育」を出版するなど、学会全体で教育にとりくんでいる。（細矢））

有山　いえいえ。どうも足がもうちょっと地についた方がいいと思う。特にそれは東京地区がよくないんです。ちょっと本題に関係のないことですが、やはり高校の先生主体にやっていかなきゃいけないんだけれども、高校の先生と学会活動の間に乖離があるんですね。それが地方ですと支部活動というのが随分間を埋めてると思うのです。本部はやはり学会全体としての運営のことにどうしても目が向いてしまって、日常的な先生方との接触や、現場の先生方の役に立つようなアクティビティっていうのがなかなかできない。それと、東京都はもう一つ特異な事情がございます。もっとも今は、東京都に限ったことでないんですけど、もうほとんど公立高校の先生は学会活動に参加してもらえません。わずかに国立と私立の先生に手伝ってもらってるぐらいですよね。土曜日でも会合を開くことが難しいという状況なので、高校の先生を学会活動に動員するというのが非常につらい時代ですよね。これもいろいろ言い分があるんですが、これはちょっと今日の本題とは関係のないことですので、これぐらいで。

話題1.　センター試験の教育への影響

中井　ひととおり自己紹介を兼ねてセンター試験との関わりを話していただきました。もう既にセンター試験の教育への影響等出ておりますけども、これがメイン・テーマですので、もう一度話を出していただけたらと思います。

勝木　断片的かもしれませんが。大学の現場に及ぼした影響という点で、特に共通１次からセンター試験に変わって、前・後期２つ受けることができるようになったときの学務とか教務とかの試験担当の事務に与えた負担はものすごく大きいですよ。僕はちょうど切り変わったときに理学部の教務委員長をやったのですけれども、学務係は、特に切りかえのときは、７、８月ぐらいからあとずうっと毎日晩８時ごろまで残業して、センター試験に備えた準備をやっていた。

　　　それから、合格者の発表なんかのことでも、補欠をどうするか、そ

れをどう知らせるかっていうのは非常な苦労をしました。受験生にとっても、特に補欠の上位の受験生というのは発表のときはだめだと言われたわけです。あとになって電話がかかっていって、おまえさん、来るかどうかっていうんですから、これは非常にその業務をやっていて混乱がありました。

伊藤　私どもの大学も同じで、要するにもともとの2期校なんです。その悲哀なんですよ。2期校のときは、まだシステムとしてはよかったんです。しかしながら、共通1次が始まり、それでセンター入試になると、前期日程、後期日程となって、要するに基本的に2期校をなくすという方向で行ったわけです。で、前期・後期で大学によってそのウエートを変える。昔の1期校は前期日程主体、2期校は後期日程主体と。そうしたときに今の問題が生じたわけです。

勝木　そうですね。

伊藤　私どもも現役時代に入試委員をやっていると、3月の末には手分けして補欠に電話して、空きができたけれど来るかどうかを聞く。これがある程度定常の仕事になるんですね。これはやはり非常におかしいと私も思っています。でも、こうした状況が本当にセンター試験による波及効果かどうかということについては、余り定かじゃないですね。

有山　もともと私立大学なんかはそれで随分苦労されてるんじゃないでしょうか。

勝木　それはそうです。

有山　ただ、私立大学の場合、かなり定員というものを無視してたくさん合格させてそれが残っても余り困らない学部をたくさんお持ちだし、それからそう言っては失礼だけれども、受験をしてくれればそれだけでもメリットはあるということはあると思うんです。

勝木　以前は前期で受かっていても、発表後に....。
（注：現在は、前期に合格して手続した学生は、後期は受験できないことになっている。）

森田　　私立に流れたんじゃないですか。

伊藤　　かといって最終的に入学定員をオーバーすると入ってからの教育に支障を来たしますから、結構絞っておくと今度は減っちゃうんですよ、本当に。定員を割ってしまうと大変なことになります。

有山　　目減りするのが一番頭の痛い話で、何割増しにとるかを、過去の統計から計算してやるんだけど、いつもそれが当たるとは限らない。それで教授会でいつももめるわけですよね。

伊藤　　私学との、そうした関係はよくありますが、それはセンター試験とは関係ない話ですね。受験生がどこの大学を選ぶかという問題で…。

有山　　そうですね。センター試験があるからということではないと思うんですけど。今まで出たお話はどちらかというと教官の負担の問題が多いんですけれども、教育に与えた影響ということで言うならば、やっぱり若者が物を余り考えない傾向を非常に強めたような気が私はしてるのですけどね。これは定量的なデータを持ってるかと言われれば、それは持っていません。だからこれは全く感覚的な話なんですけれども、非常に物を考えるということをしなくなったんじゃないかな。もっとも、これもセンター試験のせいかどうかはわかりませんよ。世の中一般の傾向ということもあると思うんですけれども、例えば、試験の問題が60分に60問もあれば、1問1分以上考えてたらもう解けないわけですよ。そうなればもうパターンでぱっと答えてしまう。だから、できるできないじゃなくて、当たる当たらないの世界になっちゃうわけですよね。そうやってでたらめにマークをつけたって成績が上がらないようにする方法はあると言いますけれども、受験生はそういうふうには思わないでしょうしね。だから、素早く問題を解く技術ばかり練習して、どうも肝心のことがおろそかになってきたのではないのかなという印象を持っています。それが1つ大きな問題ですよね。

　　　　それから、一時期、個別学力検査なんてやる必要があるのかという

意見が随分声高に言われた時期があったじゃないですか。かなりそう誘導されましたね。大学の中でもセンター試験の成績と入学してからの成績との相関が高いとかいうことで、だから個別学力検査はやらなくていいというようなことを主張する人もいたわけですけれども、果たしてそうなんでしょうかね。

　そのために個別学力検査の科目はどんどん減らしていって、毎年、事務局長が当時の文部省のヒアリングから帰ってきて、「おたくはまだ4教科の入試をやるのかと言われました」なんて言う訳ですよ。そのような隠然たる圧力、個別学力検査のウエートを減らしていこうという圧力があったことは、たしかな事実ではないかと思いますね。

中井　その圧力っていうのは、文科省が各大学に言うわけですね。

有山　それは向こうはただ聞いてみただけだ、勝手におまえらが自分で圧力をかけられたと思うだけだろうと言うことでしょうが。

細矢　お役人は必ずそういうことでおどしをかける。なぜだか、その種が共通1次の場合が多いんですよ。そんなこと言ってると概算要求をやらないぞとか。

中井　個別学力検査の科目数が多くなると保護者からのクレームがあるということも聞きますね。

細矢　科目数を減らせというのは、自民党の文教部会の一番強いプレッシャー。つまり、受験科目数が多ければ成績がずっとふだんからいい子しか入れない。科目数が少なければ逆転現象が起きるわけですよね。そういう確率を増やせという。それが一つ自民党の文教部会の頭の中にある。

伊藤　もう一つ、やっぱり私はこの入試センター試験というのに巨額のお金を投じてやっているわけだから、それを維持するためにはセンター試験の必要性をもっともっと増すそうという、科目数を減らした分をセンター試験に変えなさいと、そういう文科省の意向があると思いますね。

細矢　今まで出てきたのはみんないろんな教官や事務官の負担が増えると

か、文科省の役人にいじめられるとか、そういうひがみっぽいことだけど、一番大きな影響は、やっぱり共通1次が始まったことによって偏差値偏重というのが加速された、ということですよ。

伊藤　全くその通り。受験生にとっての数値目標があるわけですよ、センター試験の成績を高くするためにはじっくり考えるよりは、とにかく早く、短い時間でどれだけ点をとるかが肝心なわけで、正解を出すというより良い点をとる方法、そういうのにみんなが走った。特に成績上位の人たちに、よりそういう傾向が強いという大きな問題がありますね。

森田　センター試験の大学教育への影響は大学によって大分違うと思うんです。例えば、旧帝大はほとんどセンター試験は必要としていない。ただ、足切りをするために使えるので、それがメリットといえばメリットです。東北大学の場合は、非常に理系の教員が多くて、文系の教員が少ない。そういう事情ですので、例えば社会については試験を行えない。国語についても文系に対しては辛うじて行ってますが、行うことが非常に難しい。そういうふうな東北大学ができない試験をやっていただくという意味で（センター試験に）多少のメリットを感じてます。一方、数学とか理科とか、そういったものは自分たちでできますので、ほとんどメリットは感じていない、というかむしろ有害だと感じています。だけど、小さな大学になるとその辺がかなり変わってきて、例えば国立でも単科大学なんかだといろんな試験を行うのは難しいのです。そういった大学では、センターが全部の試験をしていることは、価値があるんだろうと思います。

　問題点は何かというと、やはり先ほどおっしゃられたようにマークシート式で記述ではないことです。しかも、難問を出さないということにしてますから、差をつけるためには計算量というか、作業量で差をつけるしかない。そのためにセンター試験を受けて良い点をとるように教育された人たちが、どんどん考えるのが早くなったんですが、考え方が浅くなったような気がします。

その結果、40代の教授になったような方たちに影響を及ぼしてるような気がします。例えば、私は今61歳なんですが、私たちの世代はかなりしつこく考えるんですが、40代の方たちはほとんどキーワードだけを調べてみて、キーワードがいいものだったら賛成、キーワードが悪いもんだったら反対とか、そういったふうな判断をしているようで、その辺が非常に問題ではないかと思っております。

中井　キーワードで選ぶというのは、言葉の意味を深く考えずに感覚的に判断してしまうということですね。

細矢　問題がね、解けた解けないじゃなくて、当たったか当たらないかと。そういうのもありますね。

伊藤　明らかなのは、問題も少し長いものは正答率が低いだけでなく、その解答率も低いということですよ。そういうややこしい問題は後回しですよ。文章が短くてすぐに解決できるような、即答できるようなものからまず手をつける。これはもうテクニックとしてたたき込まれています。そういう風潮が、今日本に蔓延してきているというのが大きな問題です。

細矢　そうです。

有山　私のいた大学では、夜間主コースというのを持っていて、それは夜間だけ授業を受けるというコースなんです。入学金も授業料も半額で、勤労青年を優遇するためという謳い文句があったわけです。その夜間生コースの入学試験は昼間のコースとは別にやるわけですが、昼間の学生と夜間生コースの学生を比べると、やはり受験生のセンター試験の偏差値には、明らかに差があります。そういう昼と夜のコースの学生に、試験で同じ問題を出してみると、伊藤先生がおっしゃった現象が起こるんです。一番最初に私自身でも何て答えたらいいのかわからんと思うような問題を出してみるわけです。すると、昼間のコースの学生は、ほかの問題から解いて、それは最後に手をつける。ところが、夜間生コースの学生は、正直にその問題から取り組んでて、後の問題が解けてない。はっきりそういう（受験テクニックの）

差が出てるんじゃないかという感じがしました。

細矢　お茶の水女子大の理学部の中で、特に物理学科や数学科では書き込み式の試験をかなり重視していたわけですよ。それで２次試験の答案を見ると、中にはずっとわら半紙１枚分ぐらい丁寧に書いて、最後に答えのところまで行くのだけど、全部答えを書いた後で、自分の経過を自分の消しゴムで消しちゃっているのを、僕２回見たんです。つまり、答えは何番という、そういう答え方が正しい答え方だっていうふうにもうしみついてるのですね。出題者が途中の経過を見ようと思ってそのための紙を出しているのに、自分で消しちゃったのが２人いましたね。これはすごいわって思った。
（付記：高校の定期考査（物理）でも答えの数値のみを書いて、途中の式を書かない、書いても消してしまう生徒が後を絶たない。そこで「必要な式の無い解答は採点対象外です」と注意書きを入れることにしている。（中井））

森田　数学の試験では、ああいう形では論証問題が出しづらいんです。数学の論証では、幾つかの方法があって、その中から何を選ぶかが重要な選択になるわけですが、センター試験は穴埋めでどんどん持っていく形ですから、問題を出した人の方法でしか解答することができません。だから、自分のアイデアにしたがって証明するという、一番重要なところを見ることができません。そういう意味で、本当の論証問題が出せないので、非常に重要なところが抜けているのではないかと考え、数学の人はみんな最初からセンター試験には嫌な感じを持っていました。ただ最近は、論証問題を出せる人がだんだん減りつつあり、そのうち論証問題が全く出なくなる可能性もあるかと思って、それを心配しています。

中井　そういうセンターテストの中でも論証問題というものがやっぱりあるわけですか。

森田　ええ。

中井　それはその、一つ流れの中で穴をつくっていく。

森田　そういう形しかありません。だから、論証問題自体が非常に少ない

んですが、出したとしても、出題者の考えに従って持っていくという形になってしまいます。

中井　先ほど森田先生から40代という話が出ましたけども、共通1次の最初の世代からですね。そういう人たちが、大学でもそうですし、初等、中等教育でも教員の中堅として頑張ってるという時代になってるんですよね。彼らには、勉強するときのイメージとして、やっぱり共通1次なりセンター試験対応というのがあって、保護者にしても、もうそういう時代ですので、何かこう、より濃縮された格好でその影響が出てきている。僕はそういう時代だなと思うんです。

　原稿の中に2次試験の中にもその影響が見られると書いたんですけれども（88ページ）、それを読まれた勝木先生から良い話を教えていただきました。勝木先生あの話をお願いします。

勝木　実は、僕は1996年に信州大学やめたんですけども、ちょっとはっきり覚えてないけど94年ぐらいかな、前期日程は一斉に物理の問題を作って、全学部同じ物理の問題でやったんですが、後期は学部主体で学部・学科ごとに固有の2次出題ができるようにしたわけです。その中で、物理学科の受験生の数が1教室でおさまる程度の、たかだか50人ぐらいですので、そこで演示実験をやって、どういうことが起こったかということを観察させて、観察したことを記述させる。そして、なぜそういう現象が起こったかということを書かせる。このようなことをやりました。一番初めは、サッカー・ボールの上にテニス・ボール乗っけて、ぽかんと一緒に落とす、下からうわあっと高く上がると、もとの高さより高く上がるわけです。それで、起こった現象を記述させ、その理由を説明させる。そういう問題を出しました。それから、2回目には、フラスコに水を入れて、下からそれをガスで沸騰させて栓をして、しばらく観察させる。すると、もう一回再沸騰するんです。そういう実験を出した。3回目は、もう僕は出題にかかわらなくなって、今度は振り子で、幾つか玉をつるしてカチャカチャカチャカチャとやるのがありますね、それを出す。あとはそういう問題

をずっと出し続ける。これは大変だろうなと思ってたんですが、去年だか一昨年だったか、もう僕がやめて10年近くたってからですが、親しい人が定年退職したものですから、最終講義を聞きに行って、そのとき物理学科の人と話をしてたら、実は僕が始めたその実験の出題を今も続けてるんですよと言うんで、これはびっくりしたんです。それで、ホームページ開いてみたら、ごく最近の出題問題が出てました。それにちゃんと答えた人が大学に入ってからどうなったかということは、特にはフォローしてないみたいなんですが、ただ、僕が出したその沸騰する現象で、1人だけ非常によく観察してた人がいて、水蒸気が水になって圧力が減って再沸騰するんですけども、そのときフラスコの壁に水滴がついていたと、そこまで書いていた。これはもう番号をメモして、1年ほどひそかに持っていたんです。ところが、その次の年に、信州大学は教養の1年間が終わったら学部に進学してくるんですけれど、物理への進学者のリストを見たら、その人の名前はなかった（笑）。こういうことがあって、これひょっとしたらそういうような人にとって、何か聞きたいとか、身を入れてやろうと思うような授業をちゃんと組み入れていなかったのかもしれないし、また別な事情で、その人が結局怠けたのか、もうそれはよくわからなかったんですけど、そういうことがありました。そういう試験が今も続いているということです。

　僕がそういう実験をやってみたらおもしろいだろうなと思ったのは、僕の創意ではなくて、上智大学で笠耐(りゅうたえ)さんという、非常に物理教育に熱心な人がその頃いたんですけど、その人から、入試のときに、教室で導線を天井・壁・床に這わせて、ぐるっと電流の大きな回路をつくって、その中に磁針を置いて観察させ記述させるという問題を出したと聞いていたのです。そうすると、ちゃんと観察しないで答案を書く人は、その電流がつくった磁場の中で磁石がどっちへ向くかと考えて、磁針がこのように向いたという答案を書く。ところが、地磁気の影響があるから、実際ちゃんと

観察すると、そうじゃなくて別なちょっとずれた方向を向く。そのような試験をやったという話を聞いたものですから、それなら似たような演示実験をできる条件があったらやってみたいなと思っていたのです。

中井　そういう問題を出されたときに、採点の基準とかになったら問題じゃなかったですか。

勝木　僕がやってたころは、まだ前もってこの問題は何点ということを試験のときに公表するというようなことはありませんでしたから、出題するときに大まかな点数だけ決めてました。後は実際に何人かが集まって採点するときに、問題点が出てきたら、そのたびに協議して、この問題でこう答えたときは、これは丸とか半分とか、そんなようなことを毎回採点しながら、不公平が起こらんように合議して次へ進んでいくということをやってました。実験に関しては、1人の人が全部自分の基準を決めて、全体の合意を得て首尾一貫してつける。そして、もう一人ちゃんと採点をチェックする人がいるという採点、それでやっていました。

中井　私自身の経験から言っても、高校入試で文章で答える問題が1題入ってたら、時間のかかり方は全然違うんですよね。何回も見直して、基準がずれてきていないかをチェックしたりしないといけない。確かに文章で答える問題というのはなかなか採点が難しいですけども、センター試験や共通1次が始まるときに、試験の公平性、客観性というのが非常に強調されて言われた。今でも、センター試験のマークシート方式にはこの公平性に対する信仰みたいなものがある。センター試験でやっても公平性というのが維持されてるとは思えないんですけども、ただ見かけ上そういうものはある。その何か信仰に近いものをクリアしないと、なかなか改革していけない。社会的にはそういう面があるかと思います。

勝木　客観性、公平性と言っても、問題が不備だったときに解答者全員に正答を与えるなんてのは、あれ公平に見えて全然公平じゃないですよ

ね。それを何だか公平であるかのようにばあっと一律にやってる。あんなのが新聞に出たとき、ジャーナリストがちゃんとこんなの公平に見えても公平じゃありませんよと、指摘すりゃいいんだと思うんですけども、発表する側も、どうせこれ論理的にはうそっぱちだということを知りながら、全員に点やれば公平だと言っている。同じように、もし全員これをバツにすると言えば…。

中井　どっちにしてもですねええ、それは。だから、形式そのものにどうしてもそういう部分が出てくるんですね。

2. センター試験が果たす役割

中井　まだこの話があると思うんですけども、話題の2番のセンター試験が果たす役割ということで、プラスの面、マイナスの面含めて、ご意見をいただきたいと思います。センター試験の効用として、入試センターのホームページは（3ページの）（1）～（4）を挙げているのですけれど、まず（1）の難問・奇問の排除。共通1次試験が始まる直前、これが大きな社会問題になっていました。その点は改善されたとお考えですか。科目によって、捉え方が大分違うという意見もありますが。

伊藤　これはね、こういうふうな「難問・奇問」という十把一絡げの表現が問題だと思います。入試センターが一番こだわってるのは、学習指導要領を超えない範囲でということなので、その枠の中できちっとできていてレベルの高いのは難問。学習指導要領の範囲を逸脱するのは奇問。これはやっぱり本来あってはいけないものであって、そうした奇問を排除する。そういう趣旨だろうと思うんです。もちろん別にこれでうまくいっていると思ってはいないんですが、しかし作問の側からいうと、その辺は物すごく神経を使ってるはずなんです。それが結果的に奇問というかどうかというのは、個人レベルの判断の問題ですが。

　それについては入試センターも毎年いろんな団体に問い合わせて、

その結果を公表していますよね。それで一応対応していて、そういう難問・奇問が出ないような手は打っているわけです。結果的にどういうふうにそれが反映されているかは、まだ必ずしも有効に機能していないかもしれませんが。

森田　資格試験なら難問・奇問は出さなくても問題はないと思うんですが、学生を選別して合格者を選ぶわけですね。そうすると、難しい問題を出さないでどうやってできるかということがあって、それが問題数を増やす根源になっていると思うんです。だから、私は、奇問は別ですけれど、多少の難しい問題まで含めた方がいいと思うんですが、その辺の枠組みを実際の問題作成や採点に関係してない方が決めてるようで、そのために非常に形式的なものになっているところが問題でしょうね。

伊藤　私も全く同感なんです。難易度があっていいと思います。ところが、（理科には）別な問題があるんです。難しい問題を中に取り入れると平均点が下がりますよね。すると、物化生地で言うと、例えば化学の平均点がそれで下がってしまうと。そうすると、翌年化学を受ける人が少なくなってしまう。また、高校でも化学の履修を避けようとします。そういう悩ましい問題が出てくるから、結果的に難問は避けて、みんなレベルの低い問題に、易しい問題にせざるを得ないんです。センター試験の出題形式そのものに問題があって、これは容易には避けられない問題なんですね。

中井　２番目は、センター試験を利用することによって多様な入試ができるということですが。これについてはどうですか。

有山　先ほど申しましたように、個別試験科目を減らそうとしているのですから、それはやっぱり余り個性的な試験ができない方向になるんじゃないかな。

中井　ある大学ではこの科目とこの科目だけだけども、別の大学では別のこの科目とこの科目と指定してセンター試験を課した上で、個別試験は１科目だけやるとか、文系だったらその関係する科目だけやるとか

……。入試センターはそういうことを指して多様化と言っているんじゃないですか。多様化というよりバラバラという感じがしないでもないですが。

森田　入学試験を多様化させるというのは、かなり難しいことなんです。つまり、その受験生がどの大学を受けるかということは、よく変わる。そうすると、東大を受けようと思ってた人が、実は東北大学を受けたとか、そんなことはよくあるわけです。そのときに困らないように作っとかなきゃいけない。そうすると、東北大学の取り得る方法というのは、東大の出してる問題のサブセットにするしかない。完全に違う問題を出してしまうと、東大を狙っていた人は東北大学を受けられない。そういうことになるんです。そこが、多様化させるときに難しい点だと思います。

中井　私は、センター試験を中心として色んな試験の形が可能であるということを（入試センターは）言っていると思うんですけども、ただ生徒の側からいうと、例えば小学校ぐらいからどこの大学を受けると決めてるわけじゃないんで、その共通部分というとセンター試験なんで、結局のところセンター試験を目指した勉強の仕方になってくる。そうすると、試験は多様になったけども、受験生は多様になっていない。受験生が多様になってないとこでいろんな方法で選抜しても、多様な学生は来ない。結局、同じような学生が来る、そういう結果になるだろうなと思いますね。

森田　例えば、地歴なんかでは、A科目とB科目ありますよね。そういった一つの教科で複数の科目というのがかなり出ています。さっきどなたかがおっしゃったように、各専門科目では非常におもしろい問題を工夫したりしている。多様化の中身とは、そういうことなんじゃないですか。

細矢　多様化の、この入試センターの主張は、私は反対。多様化に貢献していない。先ほども言いましたけれど、共通1次が始まって、とにかく全く画一的、それからもう高3のときに1回しか受けられない。得

点が自分のとこへ返ってこない。それに対して、手本になるアメリカでは、3年間に複数回受けられる。自分のところに得点が返ってくる。それで、科目ごとに受けられるから、得意なところとそうでないところを自分で認識できる。だから、事前に進学指導の役割を果たす。その点に関しては、共通1次やセンター試験はだめなんです。だから、私はセンターの多様化に貢献というのは、全く認めない。

中井　3番目は、私立大学の参加ということなんですけども、事実、私立大学の参加というのはずいぶん増えてきていますね。これはもうこの通り、私立大にとっては非常に好評というところですか。

伊藤　1科目だけ取り入れて、自己の人的負担を伴わないで受験生の数を増やすことができれば、大学にとっては財政的にも非常に魅力的でしょう。あるいは付き合い上ですね。そういうことをやっているわけだけど、私は一番大きな害は、結局先ほどの話、偏差値ですよ。要するに受験生にとっての数値目標がみんなこれで決まる。そうすると、本来だったら私学は全部の大学にそれぞれ特色があって良いわけですけれども、結局その偏差値にみんな従わされてしまう、私学もそういう方向にいく。もう既に向かっていると思います。それは私はすごく残念だと思います。大学入試センター試験があるからそうなっちゃう。

有山　そうですね、全くそのとおりだと思います。この偏差値という唯一の物差しですべての大学をランキングして、偏差値の高い大学がいい大学だという迷信が世の中にはびこって、あるいは受験生またはその親にはびこって、その結果かえって大学が特色を持つことも許されなくなっちゃったという気がするんですけどね。

森田　私立の問題では、私はやっぱりセンターの責任が大きいと思います。センターは、センター試験の枠組を決めて実施していて、専門の研究者を持っていて、センター試験がどういう特徴を持っているか、かなり良く理解してると良く思うんです。しかし、そのことを外に対してほとんど説明していない。センター試験の科目数を少なくする

とどういう影響が出るかについてもほとんど説明していない。大学の方では、そういったことについて詳しく見識を持った人は非常に少ないのです。例えば科目数を減らすと受験者の数は増える。それは確かにそうだけど、いろいろ副作用があるわけです。大学に入ってきてから学習するのが困難になる。そういったことをきちんと説明していないんです。センターも独立行政法人になったんで、自分たちの持ってる商品を売ろうと努力してるんだろうと思うんですが、しかし、やはりそれはフェアじゃないと思うんです。つまり、自分たちが売ってる商品が、「こう言った良いところがありますよ」というのは結構なんですが、「こう言ったところは注意してもらわなきゃいけないですよ」ということを、(説明して) 同意を受けて行うべきです。それをほとんどしていない。そこにかなりの問題があると思います。

伊藤　本当にそう思いますね。
中井　たばこの、健康被害があるかも知れない、というのと同じですね。
勝木　私学の問題というのは、慶應とか早稲田とかというのが問題になってますけども、圧倒的多数の私学というのは、もう全入に近い状況になっています。しかし、実際にそういう私学が経営を成り立てていこうとしたら、学生をとらなくちゃいかん。私は信州大学やめた後で5年ほどそういう偏差値の高くない大学にいましたけども、そこではどんどんどんどん受験生が減っていってるんで、どうしても受験生をふやしたい。そうすると、その対策の一つとして、入試センターのテストを何かの形で利用するというようなことがあるんです。つまりそれは、センター試験体制がどうこうということよりは、受験生を集めるチャネルを増やしたいという、一つのお金の面での要望としてあります。そのかわり、センター入試の実施の際にその一端をその大学が引き受けることになって、その大学の教員に、これは規模が小さいせいもあるかもしれませんが、ほぼ2年に1回センターテストの入試の監督が回ってくるという状況になっています。

森田　私学の状態なんですが、平成11年ごろからかなり苦しくなってい

ます。子供の数が減ってきて大学の数が増えてるから、何が何でも定員を充たすということが至上命題になっていて、入ってきた人の質なんか問えないような状態になったところが多い。それで、たくさんの人をとるために何が有効かというと、いろいろ細かく試験のタイプを分けておくと、多くの人が受けてくれるらしいです。

中井　　募集の機会を増やす。

森田　　募集の機会もありますし、推薦入試だとかAO入試だとかというのが比較的楽に受けられ、受験生に非常に人気があって、大学にとっても確実に学生をとることができる。それが非常に増えていて、例えば工学部に入るにも数学を勉強しなくても入れる。物理を勉強しなくても入れるということが起こってるわけです。これが多分、ここ二、三年の間に破綻するんだと思うんです。そのときは、センター試験を含めて入試を変えるチャンスだと思います。

勝木　　今のその問題なんですけど、いろいろなちゃんとした学力を備えてない学生がどんどん大学に入ってくるという問題があって、これは大学の教員の側から見たら望ましい状態ではないけれども、これを視点を変えて見ますと、大学全入のような状況と言うのは、一般庶民が、中身はどういうものであるかは別にして高等教育と称するものを受けるチャンスが増えたとも言える。それに対して、じゃあ大学の教員というのは、そうやって入ってくる学生がいるということで飯を食ってるんだから、その入ってきた学生に対してどういう高等教育の名に値するような教育を具体的にどう展開するかというのが、僕はその大学の教育学の一つの現在の時点でのテーマでもあろうという気がしてるんです。

　　　　そういう点で考えますと、僕がずっと感じてますのは、高校とか中学、小学校の場合には、お互い授業参観みたいなのがありますね。大学には授業参観がほとんどないという状況があります。それから、中学とか高校とか小学校とかでは、自分のやってる授業がどういう状況であったかというような、具体的なルポルタージュ的な報告があるん

です。ところが、大学の先生たちは、論はいろいろあるんですけども、自分がやった授業が具体的にどうであったかと、そういう状況の報告はほとんどない。教育論をやるんだけれども、教育実態の報告がない。それで、大学教育の問題を論ずるときには、本当は大学の教師が自分の授業のルポルタージュみたいなものをきちんととって、それをみんなで共通の場に出して、そこで状況を共通認識した上で具体的な議論をする必要があるんじゃないか、というようなことをずっと痛感してるんです。

中井　大学教育の中身という事が、当然問題になってくるのですけど、それ以前の問題として、さきほど森田先生が言われた、数学や物理を勉強しないで工学部に入ることができるような状況を、センター入試が作っているんじゃないでしょうか。そういう意味で、（私大についても）問題があるのじゃないかなと思います。

森田　それは必ずしもそうとは言えないのです。もっと大きな問題を抱えてると思います。子供の数が減ってきたにもかかわらず、大学の数と定員を増やしてしまった。それが一番大きな原因だと思うんです。

　それから、その次に、学生の意欲が落ちてきた。1985年ぐらいから、バブルの始まりのころですが、「日本はいい国だから、自分たちは頑張らなくてもいい」と考えるようになった。そういった意味で、昔、私たちのころには頑張るのが自明であったことが自明でなくなって、自分は適当に手抜きして生きていこうと思ってる人がかなり増えてきたんです。そういう原因が幾つも重なってるから、すべての原因がセンター試験にあるわけではないと思います。

中井　学習の意欲という点ですよね。その学習意欲が、TIMSS や PISA の結果を見ると、日本がダントツに低い。これが非常に大きな問題だと思うんです。それには、勉強していくことに意味が見出せていないという根本的な問題があると思うんです。その意味が見出せない原因の一つになってるんじゃないか。具体的に言えば、センター試験対応の勉強しかしてないんで、勉強が自分の人格を形成していく上で意

味があるとは思えない、と言うような無理もない感じ方をしている。

森田　今は、易しい問題を計算して、出るべき答えを出すということをやっているんで、余りおもしろくないのです。というか、数学本来のおもしろさというものは消えてしまうわけです。それは確かにそうだと思います。

中井　それとTIMSSやPISAは、中学生が対象ですから、センター試験は関係ないように思われるかも知れませんが、先ほども言いましたように30年たって、教える側にセンター試験の影響があって、それが子供達の学習に対する見方を方向付けている。

伊藤　一番問題なのは、理科はおもしろいという子は多い。だけども、社会に出て役に立つかと言ったら全然役に立たないと考えている。要するに、勉強は大学に入るためで、進学するための教育しかやってないということなんです。

細矢　理科、科学が世の中にどれだけ役に立つかということを全く教えないで、受験に役に立つか立たないかで、その役に立つ立たないの判断をしてるというところがおかしいです。

伊藤　それで、入試制度の中のセンター試験でいい点とるのが唯一の目的になっている。小学校のときから、そういう判断になってしまっているわけです。そこが問題なんです。

細矢　そうです。ちょっと本題から外れるかもしれないけれども、この(1)の難問・奇問のところで、国語のことが全然出なかったけれども、毎年国語の第1問というのは非常に難しいんです。でも、それが国語の目玉になっているわけ。僕は、現役時代にある国文学の先生に、何でセンター試験の国語の第1問目はこんなに分かりにくい問題なんだって聞いたら、論理的に分かるような問題を出したらみんなできてしまうじゃないかと(笑)。あそこに出題されるのは、むしろ不名誉なこと。やっぱりふだんから分からないことを言っている人の…(笑)。

中井　文章が分かりにくい。

細矢　　そうそう。だから、いつか河合塾の先生が当てたことあるんですよ。
中井　　当てた？
細矢　　つまり、入試センターの国語の第1問は、この著者のこの文章というのを当てたことがあるんです。それができるくらい、つまりふだんから訳の分からないことを言ってる人の文章があそこに出るわけ。それはだって、国文学の先生がはっきり言ってる。あそこに出ることは不名誉なことだと。
有山　　誰だったか、自分の書いた文章を国語の問題に使われて、解こうとしたら解けなかったってね。そういう話はいっぱいありますよ。
中井　　（4）の、これはもう先ほどから話が出ていて、輪切り、序列化にならないようにしている、と言うのは、皆さん余りそうは思われてないような。
勝木　　これは全く賛成できない。

3. 望まれる高大接続のあり方

中井　　では時間も迫ってきましたので、話題の3の方に進みたいんですが、これについては、103ページの試案を話の種にしようと思います。この試案の要点の1つは、高校卒業資格試験じゃなくて、各科目の単位を公的に認めるということです。こういうものがあれば、随分変わるんじゃないかという案です。というのは、共通1次試験が始まるときに、並列していわゆる調査書の扱いというのが挙がっていたのですが、棚上げにされた格好で、結局触れられずにここまで来ているわけです。理想的には、高校なら高校で積み重ねてきたことが評価される、何らかのそういう手段があれば、教育全体に及ぼす影響はかなり大きいと思うんです。そういう意味で、高等学校から生徒のカルテみたいなものを出すということと、それから先ほど細矢先生がおっしゃられたように、科目ごとに自分のこれと思う科目を受験していって、少しずつ単位を取っていくようなシステムができれば、あとは大学はそれを資料として、面接なり能力検査なりをして選んでいくことが可

能になってくるという案です。

森田　私達はAO入試を行っていて、その時調査書を見たんですが、調査書の一番の問題点は多様さです。高等学校によってつけ方が多様。1をつけないのは当たり前ですが、学校によっては5と4しかつけない学校もある。それから、2から5までほぼ均等につけてる学校もある。大学の方から見てみると、この学校はどういう方針でやってるかということが分からないから、今言ったような意味で、調査書に、例えば4があったときに、その4の重さがわからない。だから、私達のAO入試では、調査書はほとんど使っていません。使えないんです。

中井　同じように例えば5の生徒は何%と大体の基準を作って付けていても、学校そのものに大きな差がありますからね。

森田　学校差と言うより、調査書のつけ方に関して学校としての方針があって、自分たちは一流の高等学校だから5と4しかつけないとか、いろいろあるんです。

伊藤　数値化できないんですね。

森田　ええ。

伊藤　だとすると、やっぱり何らかの共通の試験が必要だということになるわけなんですね。

森田　なるかもしれないですね。調査書の書き方をもう少し決めていただけると、何とか大学としても読みようがある。普通のテストよりも調査書の方が、大学に入ってからの成績と相関性が高いというデータもあります。だけど、現時点では、合格者を選ぶときには使えない。

伊藤　私は、そういうことも含めて、今センター試験にいろいろ問題があって、大学側にしても偏差値偏重になったりするじゃないですか。そういうことを考えると、センター試験あるいは共通1次試験が実施される前のやり方では、一体どこが悪かったんだ、となってくるのです。ことに大学の個性、これだけの大学がこれからお互いにしのぎを削っていくのに、やっぱり大学の特色って非常に大事です。それを訴えるために、大学が必要とする学生はこうなんだと、そういう理念に

基づいて個別の試験をする。それでどこが悪いんですか、と私は言いたいんです。

中井　共通1次が始まるときの社会的な背景としては、受験生が急激に増加してきて、受験戦争という言葉が生まれた。そういう軋みあったわけですけど、その時代とは変わってきてますからね。

伊藤　個別試験一本に戻した場合には、さっきもあった難問、奇問。その中に難問、奇問の問題が生じる懸念もあるかもしれない。難問、奇問があって受験生が取り組む。私は、そういう事態もあっていいと思います。時代は変わってきてるわけですから、大学がこれだけ多くなってきたのですから、大学自身の保身も大事なのですよ。そうなると、難問、奇問なんて出してたら受験生や社会からそっぽ向かれるかもしれない。自然淘汰が出てくるわけです。時代は変わっていると思います。そういう自然淘汰がどこまで期待できるか、それはまた議論になるとは思うのですが…。これとは別の考えで、私はむしろ共通の試験をやるのもあり得ると思います。そのときに今のセンター試験の機能を生かすとすれば、これも一昨年のシンポジウムのときに言いましたが、1つは資格試験、中井先生は大反対とおっしゃるのですけど、高校卒の資格試験というのがあり得るかと思います。これはしかし場合によっては偏差値偏重にもつながりかねないから、私も余り賛成はではない。もう一つは、入試センターを入学試験問題バンク化して、そこから大学が必要なものを持ってくる。自分の大学で独自の問題を作って試験ができるところは独自にするでしょう。しかし、この辺りが手薄だから、あるいはほかの問題も見たいなというときに、問題バンクを活用する。そういう、大学の個性を引き出せるような入試制度というものも進めて行くべきじゃないかと思います。

細矢　僕も問題バンクを作って同じ問題を出していいと思っていますけれど、同じ問題が出ると、これを見た生徒が有利で、見なかった生徒は不利だって、そういう意味でつつかれているわけね。だけど、基本的に大事な問題だったら良いんですよ。

伊藤　本当に大事で良い問題っていうのは、そうざらにあるわけじゃない。何回使ったって良いんですよ。センター試験本部を問題バンクにした上で、入試に関する情報の発信あるいは集約の場として機能していってもらうと、随分変わっていくんじゃないかな。大学入試センターですからね。作問だけじゃないんですよ。入試全体の情報の集約場としての機能を発揮した方が良い。

中井　大学サイドから見た入試のためには、センター試験本部の問題バンク化は一つの選択肢かもしれませんが、私が、公的な単位認定機関をと言っているのは、一つには生徒と教師の立場が接近すると思うからなんです。つまり、生徒がその単位を取ってくれるということが、その教師にしても自分なりの直接的な評価になる。だから、一緒に挑戦していくっていう教育の場ができるんじゃないかなということが期待できるんです。

細矢　昔僕が小学校のころは、そろばんが盛んだったんですよ。算数が好きでも嫌いでも、友達と連れ合ってそろばんの塾へ行って。そうすると、6級、5級、4級、3級、2級。それは結構当時としては、何ていうかな、算数が得意とそろばんが得意とは全く直結しないけれども、小学校ぐらいだったらある程度関連があるんですよね。それが何か進学指導というか、そろばんの得意な子は随分理数系の方に行ってる子が多いんですね。だから、そういうのがうまく機能すれば、高大接続の何かをやれるかもしれないけれども、難しいや、これは。

中井　今一斉にやってるのを、科目ごとに個々に全国一律じゃなくて、例えば日本で5ブロックとかに分けて、そういうところで物理だったら物理の試験をやって、高校の先生も協力してやって、評価して、ある程度に達しておれば単位を認める。ただし、受験資格試験みたいに、いろいろな科目のやつを全部足して何点取ったから、この子はこれだけの（成績の）子というふうな形にはするべきではない。何単位か積み重ねて取っておれば、大学の受験資格ありますよということだったらいいと思うんです。

伊藤　そういうふうな積み上げ。私がここに書いてるのも、その資格試験というのは、何も一律に全部の点をトータルしてと言うのじゃなくて、高校での教育の定着度を見る。そのための試験をして、何点以上クリアしてれば、大学受験の資格があるよと、それぐらいに使ったら良い。

有山　これは高大接続ということとはちょっと違うかもしれませんけど、先ほど勝木先生が指摘されたことは、やっぱり一つ重大な問題だと思うんですよ。つまり、マーチン・トローの学説が出てからも半世紀以上経ったんですよね。日本も見事にユニバーサル化に突入しちゃって、つまり大学の役割っていうものがもはや変質しつつあるということですね。そのことをやっぱり考えなきゃいかんと思うんですよ。そして、その大学で何を教育するか、だからそのためにはどのようなレディネスを要求するかっていうことはよく考えなきゃいけない。それを旧来の考え方の物差しではかって、大学入試っていうことをやろうとするから、いろいろと問題が起きるんじゃないかという気がします。

伊藤　先生がおっしゃるのは、大学の教育も現状に合わせて、改革しなくちゃいけないということですね。

有山　そういうことだと思いますね。

伊藤　今それは、大学の方ではかなり意識はしてるんですね。例えば、さっき大学では授業参観はしないということでしたけれど、今は、少なくとも工学部系では、それがあり得る。JABEE（日本技術者教育認定機構）の影響なんですけども、そういった大学の相互認定といったものもだんだん定着してくると、必然的にこれまではタブーであったこともやらざるを得なくなっていくのだろうと思いますね。文科省のいう大学の評価への流れに対応するためにも、こういうことをやってますよということを言わなくちゃいけない時代になってきてるんです。それがこれからどういう方向にいくかは、ちゃんと見守らなくちゃいけないですが。

勝木　私、余り偏差値の高くない私学に移って、1年生対象にして、教員が全員ゼミのような授業をするんですね。そして教員が集まって、いろいろと相談しようというようなことをしたときに、おれのゼミうまくいってないと思うと言ったのは僕一人なんです。ほかの人たちは、自分の状況を考えないで、あとみんなで統一した教材を使おうとか、どうかとか、そんな話ばっかりになってしまって、実際に自分のやってる授業の実態を話題にする人がいなかったと、こういうようなことがありましてね、これじゃだめだって思いましたね。

　　　皮肉な見方なんですけども、大学の役割っていうのは、今職のない青年たちを自分が失業者だという意識抜きにして収容しておいて、社会的な不安をともかく表に出さないような、そんな役割を果たしているんじゃないかなって。

有山　それは前からそうだと思いますよ。若年労働者問題が吸収されて、表に出なかったわけですよ。今や、逆に子供の数が減り始めて、前からの過剰な投資をどうやって回収するかで、あたふたしてるわけでしょう。それで、日本人だけじゃ足りないから留学生を入れようとかというようなことまで考えるわけですけれども、何だかもうこれじゃ大学教育も滅茶苦茶になってしまうのじゃないかと思いますね。

中井　ちょっと暗い方向に行ってますが（笑）。この大学入試というのは、えてして必要悪というふうに捉えられがちなんですけども、これだけ受験熱、進学熱の高い国民性というのも少ないんじゃないかと思うぐらいに、国民性としては受験に対する熱意を持っているので、逆に高大接続の部分をうまく作れば、教育全体が非常によくなるんじゃないかなという、そういう可能性もあるわけです。

伊藤　ですから逆用するんですね。

中井　共通1次が始まる直前のときも、それはそれで考えていたと思うんですけども、時代の流れもあって、30年たって、ずいぶん色々歪みが生じてきている。何とか、我々のやっていることが改革のきっかけになれば良いなと思います。今日はこれで。ありがとうございました。

結　び

　一昨年、政府の肝いりで教育再生会議が始動したこともあり、様々な場で初等中等教育のあり方について論じられることがこれまでに増して一段と多くなりました。マスコミによる報道の増加もそれを後押ししているようです。こうした論議の中身としては、巷でよく言われる「学力低下」や「理科離れ」が本当にあるのかないのか、あるとしたらその原因は何か、解決するにはどうすれば良いのか、といった総論的なものから、それぞれの教育課程のあり方、教員養成制度のあり方等々、具体的な問題までまさに百花繚乱です。そして、そのような賑々しい議論の末に、たどり着く先が「大学入試が諸悪の根源」となる場合が少なくないようです。
　大学入試のあり方が初等中等教育に及ぼす影響が大きいことは異論の余地がありません。また、その影響の仕方にも様々な形態があります。なかでも、大学入試に良い結果を残すことにのみ邁進することで、本来の教育の使命が損なわれることはとても憂慮されます。このことは、日本の社会に根源的に潜在する学歴偏重もしくは肩書き偏重主義にその源があるようにも思われます。それとは別に、大学入試という目の前に立ちはだかるひとつの壁を乗り越えることを唯一の目標とするばかりに、生徒としては試験で少しでも高得点を得るための技術を磨く努力に偏った学習になってしまうことも深刻な問題です。これは、大学入試の実施方法やその試験問題の内容に大きくかかわることです。
　このように教育に関する多くの問題が絡み合うなかで、その一つである大学入試制度、なかでも圧倒的に多人数の受験者を対象とする大学入試センター試験が及ぼす影響は、その功罪併せて極めて大きいものがあります。共通1次学力試験としてスタートしてから29年を経た今日、それがわが国の教育の世界

のみならず、社会的にもどのような効果をもたらしたのかを様々な角度から検証することはとても重要です。

　こうした観点から本書の刊行が企画されました。そもそも本書は、第19期日本学術会議 理学振興研究連絡委員会（江沢洋委員長）傘下の理学・数学教育専門委員会で議論を重ね、その過程で 2005 年 7 月に行ったシンポジウムを原点にしたものであります。そのために、主として「理学・数学からの視点」を前提とした、共通 1 次試験・センター試験の現状解析と問題提起であることをお断り致します。

　本書の刊行に当たって、企画に賛同し、ご協力いただいた 13 名に及ぶ執筆者の方々には、それぞれの立場に基づいて、様々な角度から自由な視点でこうした問題を捉えて頂きました。その結果、章立てもしくはその構成に多少不自然なところも散見されるかもしれませんが、そのぶん逆に、濃密な内容構成が実現したものと喜んでおります。本書の刊行をきっかけとして、現状の大学入試センター試験についての世の中の関心が高まり、その是非から在り方についてまでの幅広い議論が湧き上がることを念じております。執筆者各位には編集委員として心より感謝致しますとともに、本書の出版を担って頂きました（株）大学教育出版に深甚の謝意を表します。

2008 年 1 月

　　　　　　　　　　　　　　　　　　　　　　　　　編著者　伊藤　卓

執筆者の自己紹介

伊藤　　卓　（いとう　たかし）
1939年生まれ。1962年東工大卒業、1967年東京大学大学院工学系研究科博士課程修了（工学博士）後、東工大資源研助手に就任、1980年横浜国立大工学部助教授、1989年同教授を経て、2004年から横浜国立大学名誉教授・株式会社アド技術顧問。この間、大学入試センター化学部門委員会委員・副部会長・同部会長などを務める。日本化学会副会長、同化学教育協議会議長、日本科学教育学会副会長等を歴任、現在（社）化学情報協会副会長。専門は有機金属化学。

細矢　治夫　（ほそや　はるお）
1936年生まれ。1959年東大理学部化学科卒、1964年同化学系大学院博士課程修了理学博士。理化学研究所研究員を経て、1969年お茶の水女子大学理学部化学科助教授、教授、学生部長、理学部長を経て、1992年同学部情報科学科に転属。2002年定年退職、名誉教授。専門は、量子化学、理論化学、数理化学、情報化学。教育は専門ではなかったが、日本化学会の教育関係の諸委員や「化学と教育」の編集委員長や大学の部局長を務めるうちに次第に文部行政に不満をもつようになり、この世界から足が抜けなくなり、化学教育協議会の副議長、議長を合計6年務めてしまった。その引退後も、化学教育協議会の教育課程検討小委員会の委員長を引き受けさせられている。現在最もエネルギーを注いでいるのは、初等数学の論文を書き連ね、数学教育の再構築を目指すこと。そのキーワードは、トポロジカルインデックス、グラフ理論、フィボナッチ数、連分数 etc。

有山　正孝　（ありやま　まさたか）
1929年生まれ、東京大学理学部物理学科卒。東京大学助手を経て電気通信大学講師、助教授、教授、1995年から2000年まで同学長。専門は分子物理学、計算機科学、物理教育。2006年から日本物理教育学会会長。

室伏きみ子　（むろふし　きみこ）
1947年生まれ。1970年お茶の水女子大学理学部卒、1972年同大学院理学研究科修士課程修了、1976年東京大学大学院医学系研究科博士課程修了・医学博士。鶴見大学助手、ニューヨーク市公衆衛生研究所リサーチアソシエート、帝京大学助手、お茶の水女子大学助手、同講師を経て、1995年より教授、現在に至る。その間、2001年同大学理学部長、2003年副学長、2002年第19期日本学術会議会員、その他、各種審議会等委員、ルイ・パスツール大学客員教授などを務める。専門は、細胞生物学、生化学。細胞増殖・細胞分化の制御機構と、細胞のストレス応答を研究している。また、子どもたちの教育や科学者の社会的責任にも関心が高く、種々のアウトリーチ活動を実践している。著書（単著・共

著）に、「生命科学の知識」「細胞の科学」「ストレスの生物学」「バイオサイエンス」（以上、オーム社）、「バイオサイエンス事典」「基礎生物学講座」「生物学ハンドブック」（以上、朝倉書店）、「今、なぜ若者の理科離れか―科学者と社会との対話に向けて」（日本学術協力財団）、「こぐま園のプッチー」「生物はみなきょうだい」（冨山房インターナショナル）等がある。

森田　康夫　（もりた　やすお）

1945年生まれ。東京大学理学部卒業後、東京大学助手、北海道大学講師・助教授を経て、東北大学理学研究科教授。専門は数学（整数論）。平成の始めに高等学校数学の選択単元を入学試験でどう扱うかが問題となり、勉強会を組織。これを契機に入学試験と数学教育の研究を始め、少子化が教育に与える影響などを研究。日本学術会議数学教育分科会委員長。

上野　健爾　（うえの　けんじ）

1945年生まれ。1968年東京大学理学部卒、1970年同理学系研究科修士課程修了。1987年京都大学理学部教授、1995年より同理学研究科教授、現在に至る。専門は代数幾何学、複素多様体論およびその応用としての数理物理学。20年以上前から数学科の大学生の異変に気づき、初等・中等教育に関して積極的に発言する傍ら、1992年から京都大学理学部で各週土曜日に「高校生のための現代数学入門講座」を1997年まで続け、それ以降は1月に2日間「新春講座」を開催して大学生、社会人に数学の魅力を伝える努力を続けている。教育に関係する著書として「学力があぶない」（大野晋との共著、岩波新書）「誰が数学嫌いにしたのか」（日本評論社）「こんな入試になぜできない」（共著、日本評論社）など。

香本　明世　（こうもと　あきよ）

1951年生まれ。岡山大学法文学部卒業。大阪府立成城工業高校定時制に勤務。浄土宗光明会に所属。中央機関誌編集次長、教学部副部長を歴任。現在、同本部役員。追究テーマは仏教を基礎とする存在論および認識論。既刊の教育エッセイに『小平邦彦「怠け数学者の記」を読む』（半自叙伝）、『星空を忘れたプラネタリウム』（いずれも2007年文芸社刊『娯楽としての読書』所収）などがある。

中井　仁　（なかい　ひとし）

1951年生まれ。神戸大学理学部卒、同理学研究科修了。1978年大阪府立牧野高校赴任。豊島高校、茨木高校を経て、現在、大阪府立茨木工科高校教諭。教科・科目は理科・物理および地学。1988年理学博士号取得（京都産業大学）。専門は太陽地球系科学。地球電磁気・地球惑星圏学会会員（学校教育ワーキング・グループ代表）、地球惑星科学連合・教育問題検討委員会委員。著書「宇宙通信―高校生へのサイエンス・レター」（私家版）

勝木　渥　（かつき　あつし）

1930年生まれ。1953年名古屋大学理学部物理学科（旧制）を卒業、名城大学理工学部講師、名古屋大学工学部助教授を経て、1967年信州大学理学部物理学科教授、1996年高千穂商科大学教授、2001年定年退職、現在にいたる。

信州大学理学部物理学科に教授として在職中、1990年4月から1992年3月まで、教科専門委員会（問題作成委員会）物理部会の委員として、大学入試センターの仕事に係わった（後半の1年間は物理部会長を務め、入試センターの教授に併任された）。そのとき、「解答分析」という資料の存在することを知り、1989-1995年度の「物理」の「解答分析」からうかがい知ることのできる高校物理教育の問題点の実証的解明を試みて、その結果を『大学入試フォーラム』・『物理教育』・『日本物理学会誌』・『大学入試研究ジャーナル』に計8回にわたって発表した。

樋口真須人　（ひぐち　ますと）

1956年生まれ。大阪府立羽曳野高校、平野高校で理科教員として教鞭をとった後、大阪府教育センターの理科第一室に指導主事として勤務する。教育センターでは、主として英国のGCSE（中等教育修了一般資格）試験における探究活動の調査を行った。平成14年度と平成15年度に、理科教員を対象として、英国の探究能力の育成方法を紹介し、探究活動のあり方を考える研修を実施した。平成19年度より現職。（大阪大学理学部物理学科修士課程修了）

中嶋　博　（なかじま　ひろし）

1923年生まれ。早稲田大学旧制大学院修了。Ed.D.（Hon）。文部省特別研究生を経て、1968年早稲田大学教授。1994年名誉教授。比較・国際教育学専攻。1984年フィンランド科学アカデミー外国会員。旧国立教育研究所の中等教育と高等教育との接続ほかの政策研究に協力。最近の研究成果に「北欧の教科書に関する総合的研究」（（財）教科書研究センター、2007年2月）がある。Comparative & International Education Society（米国）の最初の日本人会員。

田丸　謙二　（たまる　けんじ）

1923年生まれ。1946年9月　東京帝国大学・理学部・化学科卒業。1953-56年 Princeton大学・留学。1959年　横浜国立大学・工学部・教授。1963年　東京大学・理学部・化学科・教授。同理学部長などを歴任。1984年　東京大学名誉教授。退官後、1984年　東京理科大学理学部教授。1995年　山口東京理科大学・基礎工学部学部長。その間、国際触媒学会会長、日本学術会議・第4部部長、日本化学会会長、等を歴任。教育関係では、日米教育委員会委員（'79-84年）、日本化学会・化学教育部会会長（'81-83年）、ユネスコ国内委員会委員（'82-91年）等を務めた。褒章等：日本化学会賞、日本学士院賞。

清水　建宇　（しみず　たてお）

1947年生まれ。神戸大学経営学部卒。1971年、朝日新聞社に入社。社会部で警視庁、皇室などを担当。社会部次長から「週刊朝日」副編集長、月刊「論座」編集長を経て編集委員（テレビ朝日「ニュースステーション」担当）。2003年から論説委員。週刊朝日副編集長だった1994年に「大学ランキング」を創刊し、2007年4月まで編集長を兼務。2007年10月、定年退職。広島大学高等教育研究センター客員研究員。

■編著者紹介

中井　仁（なかい　ひとし）

1951年生まれ。神戸大学理学部卒、同理学研究科修了。1978年大阪府立牧野高校赴任。豊島高校、茨木高校を経て、現在、大阪府立茨木工科高校教諭。教科・科目は理科・物理および地学。1988年理学博士号取得（京都産業大学）。専門は太陽地球系科学。地球電磁気・地球惑星圏学会会員（学校教育ワーキング・グループ代表）、地球惑星科学連合・教育問題検討委員会委員。著書「宇宙通信―高校生へのサイエンス・レター」（私家版）

伊藤　卓（いとう　たかし）

1939年生まれ。1962年東工大卒業、1967年東京大学大学院工学系研究科博士課程修了（工学博士）後、東工大資源研助手に就任、1980年横浜国立大工学部助教授、1989年同教授を経て、2004年から横浜国立大学名誉教授・株式会社アド技術顧問。この間、大学入試センター化学部門委員会委員・副部会長・同部会長などを務める。日本化学会副会長、同化学教育協議会議長、日本科学教育学会副会長等を歴任、現在（社）化学情報協会副会長。専門は有機金属化学。

検証「共通1次・センター試験」

2008年3月28日　初版第1刷発行

■編著者 ── 中井　仁・伊藤　卓
■発行者 ── 佐藤　守
■発行所 ── 株式会社　大学教育出版
　　　　　　〒700-0953　岡山市西市855-4
　　　　　　電話 (086) 244-1268　FAX (086) 246-0294
■印刷製本 ── モリモト印刷㈱
■装　丁 ── 原　美穂

© Hitoshi Nakai, Takashi Ito, 2008 Printed in Japan
検印省略　　落丁・乱丁本はお取り替えいたします。
無断で本書の一部または全部を複写・複製することは禁じられています。

ISBN978-4-88730-825-1